高效工作的
62个好习惯

やめるだけで成果が上がる仕事のムダとり図鑑

[日] 冈田充弘 / 著
(Mitsuhiro Okada)

邵明清
李 雪 / 译

中华工商联合出版社

图书在版编目(CIP)数据

高效工作的62个好习惯/(日)冈田充弘著;邵明清,李雪译. -- 北京：中华工商联合出版社，2023.4
书名原文: やめるだけで成果が上がる仕事のムダとり図鑑
ISBN 978-7-5158-3623-2

Ⅰ.①高… Ⅱ.①冈… ②邵… ③李… Ⅲ.①工作－效率－通俗读物 Ⅳ.①C935-49

中国版本图书馆CIP数据核字(2023)第 042315 号

Original Japanese title: YAMERU DAKE DE SEIKA GA AGARU SHIGOTO NO MUDATORI ZUKAN Copyright © Mitsuhiro Okada 2020
Original Japanese edition published by Kanki Publishing Inc.
Simplified Chinese translation rights arranged with Kanki Publishing Inc.
throughTheEnglishAgency(Japan)Ltd.andQiantaiyang CulturalDevelopment(Beijing)Co.,Ltd..
北京市版权局著作权合同登记号：图字01-2023-0456号

高效工作的62个好习惯
やめるだけで成果が上がる仕事のムダとり図鑑

作　　者：	[日] 冈田充弘
译　　者：	邵明清　李　雪
出 品 人：	刘　刚
责任编辑：	李　瑛　李红霞
排版设计：	水日方设计
责任审读：	付德华
责任印制：	迈致红
出版发行：	中华工商联合出版社有限责任公司
印　　刷：	北京毅峰迅捷印刷有限公司
版　　次：	2023 年 5 月第 1 版
印　　次：	2023 年 5 月第 1 次印刷
开　　本：	710mm×1020mm　1/16
字　　数：	70 千字
印　　张：	14.25
书　　号：	ISBN 978-7-5158-3623-2
定　　价：	58.00 元

服务热线：010－58301130－0（前台）
销售热线：010－58302977（网店部）
　　　　　010－58302166（门店部）
　　　　　010－58302837（馆配部、新媒体部）
　　　　　010－58302813（团购部）
地址邮编：北京市西城区西环广场 A 座
　　　　　19－20 层，100044
http://www.chgslcbs.cn
投稿热线：010－58302907（总编室）
投稿邮箱：1621239583@qq.com

工商联版图书
版权所有　侵权必究

凡本社图书出现印装质量问题，请与印务部联系。
联系电话：010－58302915

前　言

谁也不发言，什么也决定不了的会议。
收到的抄送邮件和自己没一点关系。
一边心里抱怨"用电脑不就行吗"，一边继续手写材料。
不断重复同样内容的"报联相"。
公司发的电脑开机奇慢无比……

我们工作的办公室里，到处都充满着"无效工作"。

最近我常常听到人们说更新工作方法和提高生产效率的必要性，但是从没听过公司和个人具体该怎么改变，更没听过有哪家公司变出了什么成效。

人们为什么无法停止做无效的工作呢？

是个人意志问题，还是公司体制作祟？

大概也有很多人会想："我知道这些事情都没用啊，但多年的习惯和公司文化实在改不了呀。"

但是最重要的原因是，人们往往并不知道眼前的工作是无效的。也就是说，人们并没有意识到无效工作正在身边肆意横行。

在本书中，我将列出我认为的62项无效工作，并举例说明摆脱这些无效工作的方法。

为什么我可以告诉各位减少无效工作的方法呢？其实，我曾经通过减少无效工作挽救了濒临破产的公司。

现在我经营着好几家公司，其中一家咨询公司"Canaria"利用数字化的力量变革了工作方式和组织形式；而另一家"Black Cats Cube"（黑猫魔方）是通过组织解谜活动来增加企业和地区活力的策划公司。

一开始，我是Canaria的外聘高管，公司濒临破产。
当时的Canaria并不是咨询公司，而是一家制造整摄影机角度和功能的仪器制造商，办公室里堆满了纸张、文具、零部件和废料。
这里简直可以说是无效工作的大本营和总巢穴。
我下定决心铲除所有无效工作，坚持不懈地展开了行动。从整顿办公室到写邮件的方法，从开会方式到利用信息技术，我和各个领域的无效工作展开了斗争。

然后渐渐产生了良性循环：公司的开支、库存、加班、电费都减少了，而办公室空间和年轻职员则不断增加。

不久业绩也恢复了，当员工们反应过来的时候，欠款也都结清了。

在这个过程中，我所做的并不是宏观意义上的"改革"，只是彻底摒弃了无效工作而已。

多亏了无效工作的减少，我用手头剩下的时间和资金开展了新的业务，其中最值得骄傲的成果就是我经营的另一家公司——解谜策划公司黑猫魔方。

该公司一成立就马上用到了减少无效工作的经验，因此没有陷入新公司常有的混乱状态，稳定地发展起来。六年之后的今天，黑猫魔方已经在解谜活动策划业界小有名气。

曾是制造商的Canaria现在也进化为帮助企业减少无效工作的咨询公司。

现在的我无论是工作上还是生活上都没什么压力，非常幸福。即便经营着多家公司，也基本是6点下班，然后把时间投入到自己感兴趣的铁人三项、聚餐等提升自我和人际关系的活动上。

虽然很花时间，但可以说减少无效工作拯救了我的人生。

本书中提到的各种方式方法也都基于我的这些经验。当然，现在信息技术的发展日新月异，这方面的方法我也一直在更新，请大家放心。

实际上，办公室里的浪费和无效工作存在各种各样的形式，有看得见的，也有看不见的。

这些无效工作会浪费时间、金钱和空间，破坏个人和公司的资源，给员工带来压力。

即便减少了一些无效工作，只要一松劲，它们又会蔓延开来。因此，我们需要定期"大扫除"，不断地减少无效工作。

因而本书的理念是，彻底厘清潜藏在办公室及日常工作中的无效内容，并介绍对付它们的方法，让这世界上的人们不再为同一件事烦心。

但是，过度紧张也会导致情绪低落，所以我采用图鉴的形式，通过各种各样的插图引起大家的共鸣，像"捉虫"一样，让大家感受到发现并抓获虫子（解决问题）的喜悦。

请大家充分地享受这份阅读的喜悦吧。

那么，各位做好准备了吗？

快快和我一起朝办公室的森林进发，踏上消除无效工作的冒险之路吧！

冈田充弘

目 录

前言 ... 1

第一章
沟通更简单
（工作交流篇）

1. 委托工作不再口头约定 ... 2
2. 提醒并跟进工作 ... 4
3. 明确工作任务 ... 8
4. 正确使用"报联相" ... 10
5. 理清汇报关系 ... 14
6. 提高交流质量 ... 18
7. 避免被转接电话打断工作 ... 22
8. 保持注意力集中 ... 24
9. 规范办公邮件使用规则 ... 28
10. 提高阅读邮件的效率 ... 32
11. 善用即时聊天软件 ... 36

第二章
消除无用的压力
（人际关系篇）

12. 避开公司内部的派条斗争　　42
13. 避免"老大与小弟"的职场关系　　44
14. 拒绝酒场、k歌和二次会　　46
15. 不要将时间和精力浪费在写贺卡上　　48
16. 不要只和自己部门的人来往　　50
17. 避免与客户的人情往来　　52

第三章
事半功倍
（工作会议篇）

18. 正确认识工作会议　　58
19. 不要以参加者的职位高低决定会议结论　　62
20. 明确会议目的和目标　　64
21. 明确会议中的责任分配　　66
22. 开会方式要符合会议目的　　70
23. 做好会前准备　　72
24. 固定开会方式　　76

25. 会议讨论要有深度和广度　　　　　　　　　　　78
26. 会议决定要付诸实施　　　　　　　　　　　　80

第四章
麻烦的工作不见了
（日常事务篇）

27. 提高信封和发票的书写效率　　　　　　　　　86
28. 将纸质信息快速数字化　　　　　　　　　　　90
29. 使用电脑快速核对数据　　　　　　　　　　　94
30. 使用模板快速书写资料　　　　　　　　　　　98
31. 掌握截屏技巧　　　　　　　　　　　　　　　100
32. 在电脑中预存常用的词句和地址　　　　　　　104
33. 将名单和名片数字化　　　　　　　　　　　　108
34. 共享工作进度和任务　　　　　　　　　　　　112
35. 共享知识和经验　　　　　　　　　　　　　　116
36. 定型工作做到规范化和模板化　　　　　　　　120
37. 逐步改善工作中的问题　　　　　　　　　　　122
38. 发现错漏及时修改　　　　　　　　　　　　　124
39. 避免重复犯错　　　　　　　　　　　　　　　126
40. 使用电脑办公软件提高并可视化生产效率　　　130

第五章
全程集中注意力
（工作环境篇）

41. 处理掉工作中的纸质资料　　　　　　　　136
42. 养成信息数字化的习惯　　　　　　　　　138
43. 掌握电脑屏幕阅读小技巧　　　　　　　　142
44. 使用电子备忘录　　　　　　　　　　　　146
45. 落实无纸化办公　　　　　　　　　　　　148
46. 减少个人物品和资料　　　　　　　　　　152
47. 减少办公耗材　　　　　　　　　　　　　156
48. 将物品摆在能找到的地方　　　　　　　　158
49. 合理安排工作　　　　　　　　　　　　　160

第六章
消灭"忙""没完成"
（时间管理篇）

50. 有效利用零碎时间　　　　　　　　　　　164
51. 多驳回工作　　　　　　　　　　　　　　168
52. 合理设置工作期限　　　　　　　　　　　172
53. 减少意外状况　　　　　　　　　　　　　176

4

54. 删减多余的工作 ... 180

55. 敢于做决断 ... 182

56. 做好任务管理 ... 186

第七章
免费提高公司电脑的运行速度
（电脑设置篇）

57. 减少电脑运行负担 ... 192

58. 减少非必要的启动项、常驻软件 ... 196

59. 删除不使用的软件 ... 200

60. 减少不必要的电脑软件更新 ... 202

61. 调整键盘、鼠标设置 ... 206

62. 改善电脑软、硬件办公环境 ... 208

后　记 ... 236

第一章

沟通更简单
（工作交流篇）

1 委托工作不再口头约定

截止日期就要到了，委托给他人的工作却依旧杳无音信。当问起："那个事做得怎么样了？"对方的回答却总让人无语："由于一些原因，有点延迟""还没开始呢""啊，我忘了"。你是否也有类似的经历呢？

还不止呢！有些人更过分："没听你说过啊！"在工作中纠结"说过"还是"没说过"，其实没有多大意义，而且也可能会因为这一点小事，让好不容易建立起来的信任关系瞬间分崩离析。

站在委托方的角度来看，肯定是希望对方的工作既及时又符合预期。但实际上，大多数事情并没有想象中那么顺利。

我自己，特别是开始经营小公司后遇到了许多沟通上的麻烦，这些麻烦在我还是普通的公司职员时完全无法想象的。

● **沟通上的麻烦大多是因为"口头约定"**

究其原因，答案其实很简单。这些委托别人的工作大多是口头约定，没有正式的记录。

意识到这一点后，但凡与人有约，无论多小的事情，我都会留下记录。

在尝试过许多办法后，我得出一个结论：除了正式文件和合同，邮件是最简单也是最有效的方式。

现在在我的公司里，无论是公司内部的决定，还是与其他公司的往来，多小的事情都不会只做简单的口头约定。事后必须给相关人员发邮件，以留下记录。

单用邮件一种方式管理的话，使用检索功能，就能轻松地查出以前的信息。

用Skype、Messenger、Line之类的软件进行短时沟通很方便，但在检索和查阅时却不太方便，也不适合长时间留存信息、保留证据。所以我不推荐。

对外业务方面，如果必须使用邮件以外的工具，可以先将沟通的页面截图、复制文本后，再给对方发邮件。

另外，对于那些需要事后参考以往过程的工作，除了发邮件外，还可以将工作内容录入Excel中，制作成一览表，通过共享服务器来管理。

总之一句话，即使是很小的约定，平时也要注意留存电子证据。

2 提醒并跟进工作

生活中,有些人明明忙得四脚朝天,却仍不求人帮忙,独自苦苦支撑着一切。

一个人独自负担大量工作,不仅产出质量下滑,还会催生加班文化,形成恶性循环——不断加班导致睡眠时间锐减、工作效率降低、工作越攒越多……

陷入这种恶性循环的人比比皆是。

和独自行动不同,求助他人往往会有一些困难。那些害怕求人的人,要么是过去有过一些不好的经历,要么就是内心善良、责任感很强,想着"不给别人添麻烦""自己的事情自己做"。

即便如此,要消除无效工作、提高工作效率,就必须学会一些向他人求助的技巧。

其实,想要被委托者充满干劲,及时且高质量地完成工作,或许使用一些"委托技巧"就能实现。

这也是委托者能力的体现。

迄今为止，我和各式各样的人共事过，也逐渐明白想要促成对方的行动，是需要一定技巧的。

在这里，我将说明妨碍行动的原因，并介绍三个提醒、跟进工作进度的方法。

① **大事化小**

职场上每个人都会遇到让自己提不起兴趣的工作。当被分派了类似的工作时，尽管脑子里明明知道不做不行，却怎么都迈不开第一步。

反过来说，如果这一点得到相应的改善，也就解决了问题的六成。

这种时候，委托的秘诀是"大事化小"。

对于一些需要花费很多精力的工作，不要一口气分派太多，应当细化为更简单的事务，一点点、一件件地委托他人。

若是存在利益冲突的事情，就只委派对方做简单的传达工作。

若任务是长期性的，应尽量将其细分，让对方勤做工作汇报。

这样一点点地推进，工作的节奏就会慢慢地好起来。

另外，当感觉对方有些厌倦的时候，可以在任务间穿插一些能调剂情绪的"小菜"，比如让对方将不要的纸箱撕碎扔掉等。设计一些让人们能够立刻行动起来的"小陷阱"也是委派工作时的小诀窍。

② **一起消除障碍**

人们不采取行动的理由多种多样。

比如，对方手头还有其他的工作、私人事务繁多等，一个人实在忙不过来。

这种时候，可以试着帮助对方一起消除障碍，或者坐下来好好谈谈。

这样做的话，即使没能完全除掉障碍，也能加深相互间的信任，从而让对方主动帮助我们，或提高干劲，从而产生意想不到的正面效果。

③ **按照对方的水平调整工作难度**

我们都知道，人不是万能的。被委派的一方也会有处理不好的事情。

委派工作时，在认清对方水平的前提下，适当降低工作难度，或者在对方能力范围内分派具体工作等方式也都很有效。

特别要注意的是，如果对方是你的下属，适当让他做一些自己擅长的工作，还会增加他的自信心。

随后逐渐扩大工作范围、提高工作要求，对方就能紧跟节奏而不掉队。

若不擅长求助他人、驱动他人，就要更加有意识地观察对方，注意提醒和跟进，便能达到和以往不同的效果。

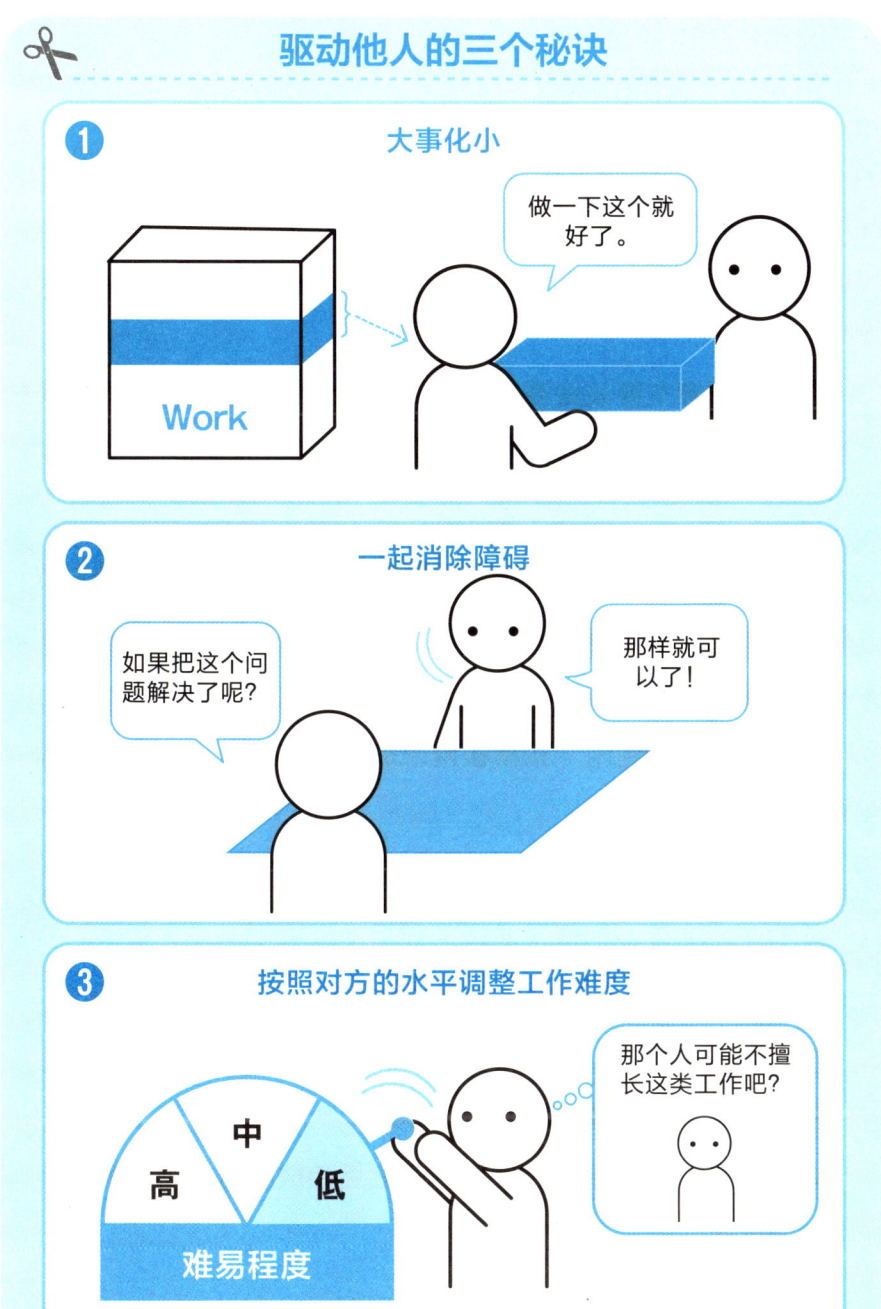

3 明确工作任务

前面的内容主要关注委托方,下面我将反过来介绍当别人委托你工作时,应当如何应对。

有固定的模板,或是委托方如前文所述,在委派的方式上做足了功夫的话,倒也还好。但大部分情况下,工作的委派方式却或多或少存在问题。

其中有些人会使用一些模棱两可的委托方式,比如"那你看着办吧"。

这种委托方式十分危险,引发纠纷的情况也不在少数。

需要注意的是,那些不明确工作目的就去委派工作的人,实际上大多自己都没有搞清楚工作的本质。

还有些人会刻意隐瞒一些工作内容。

如此发展下去,贸然接受工作,之后酿成纠纷,被委托人可能就要"背黑锅"了。

如果委托人的目的不明确,就要拿出勇气,果断地拒绝对方。

只不过在现实中,要看清楚眼前是目的模糊的高风险工作,还是有助于成长的高难度工作，是相当困难的。

● **接受工作时的六个注意点**

因此，在接受工作委托时，若有不明白的地方，或是工作目的不清楚时，一定要好好确认，厘清疑问。这样做对于委托人和受托人双方都有好处。

接受工作时，请提前确认以下六点：

① 工作的目的和期望达成的效果是什么？
② 期限是多久？最迟可以延长到什么时候？
③ 有什么工作计划？具体按照什么顺序进行？
④ 规划安排时，特别需要注意的点是什么？
⑤ 有没有利益相关者和其他协助者？
⑥ 可允许的预算范围是多少？

工作和饮食一样，摄入的内容和摄入的方式决定了它是有益还是有害。

为了自己，也为了对方，不要随随便便地接受工作，而要注意事先弄清楚工作的目的和意图。

4 正确使用"报联相"

广泛使用的商务用语"报联相"是汇报、联络、相谈的简称。似乎人人都知道这个词，可在商务场合中，它的定义常常模糊不清，很少有人能灵活使用"报联相"。

事实上，生活中有很多无效的"报联相"。

时代在进步，技术在变革，而"报联相"的办法却还是老样子。

有时，上司让使用"报联相"，仅仅是为了向下属展示自己高高在上的地位。

明明用邮件就可以将信息共享给全体人员，上司却怒斥下属："你怎么回事，为什么不汇报！"相信一定有人有过类似的经历吧。

类似的情况在职场屡见不鲜。因此，我们需要重新审视"报联相"的定义及其使用方法。

"报联相"原本只是为了使信息在公司内部良性流通的交流工具。

下面，我将具体解释"汇报""联络""相谈"的真正意义和使用方法。

① **汇报**

　　汇报是指下属针对上司的指示和委托，在融入自己的理解后将工作的经过和结果告知上司的行为。

　　通过汇报，上司能够把握工作进展情况，从而研判下一步计划。

　　同时，若下属走错了方向，也可通过对上司的汇报帮助自己重回正轨，消除无效工作。

　　顺便说一句，我的公司内部汇报通常不是面对面，而是以邮件的方式进行。

　　汇报人在公司的职位不同，其汇报的内容也会发生变化。例如，我是公司经营者，那么对我汇报的内容主要是"与资金和数字相关的重要指标"和"重要问题的进展情况"等。

　　另外，营业、制作等较细致的进展情况可以通过邮件抄送或共享服务器里的一览表来统一管理，不需要特别汇报。

　　如上所述，公司管理者需要注意不给员工过度增加"汇报工作"的数量。

② **联络**

　　联络是指与上司和同事共享资料的保存地、活动日程等事实信息。这其中不能含有个人意见或揣测。

　　联络在"报联相"中最常发生，因此信息接受方应高效地对信息进行取舍。

　　我的公司里也常会有各式杂乱的联络邮件。书写邮件简洁明了、统一汇报格式等方法可以让人快速地开始下一步行动。

③ **相谈**

相谈是指当下属无法做出判断，希望听取客观意见时，向上司说明情况并获得建议的行为。

特别是那些可能违反公司规定的案子或纠纷，如果能面对面交谈，可以极大提高沟通效率。

此外，想要和上司面对面交流时，要提前发邮件预约。即便是直接开口询问，也要尽力考虑周全、保持礼貌。例如你可以说："现在您有时间吗？"

我认为，应当减少面对面这种传统的"报联相"执念，积极引入新的交流方式，充分利用数字和网络的优势。

有人可能会有抵触心理，认为"如果减少了口头和面对面的交流，公司内部交流的机会也会随之减少"。

但是，上司和下属珍惜彼此的时间，高效地进行"报联相"的话，交流的质量是会大大地提高。提高了交流质量，即便面对面的机会减少了，也能维持良好的人际关系。

"报联相"也应当随着时代发展不断更新。

重新审视"报联相"的定义

❶ 汇报

下属针对上司的指示和委托，在融入自己的理解后将工作的经过和结果告知上司的行为。
汇报用邮件就可以。

汇报用邮件就可以。

❷ 联络

与上司和同事共享资料的保存地、活动日程等事实信息。

我是这么认为的……

不能含有个人意见或揣测。

❸ 相谈

下属无法做出判断，希望听取客观意见时，向上司说明情况并获得建议的行为。

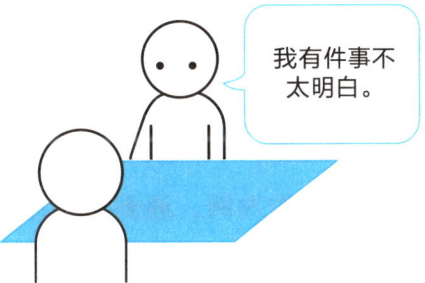

我有件事不太明白。

特别是遇到问题时，要尽量面对面交谈。

5 理清汇报关系

"我没听说过啊！"

"为什么不早点告诉我呢？"

在大型日企工作时，我经常听到这类对话。当时的左右为难至今还记忆犹新。现在终于明白，无论公司规模大小，类似的事一定都常常发生。

公司和项目规模越大，信息的传递就越困难。一点点小事往往就会造成差错，最终酿成大祸……

为了防止这类事件发生，我们就需要明确公司和项目的"汇报关系（报告和信息的传递路径）"。

工作情况和汇报内容不同，汇报关系也大不相同。

● **明确汇报关系**

以项目工作为例，遇到预算等和资金相关的业务，要向项目负责人和指导委员会报告、商谈。

与项目的进展和质量相关的业务，应该找项目经理（现场监督）汇报。

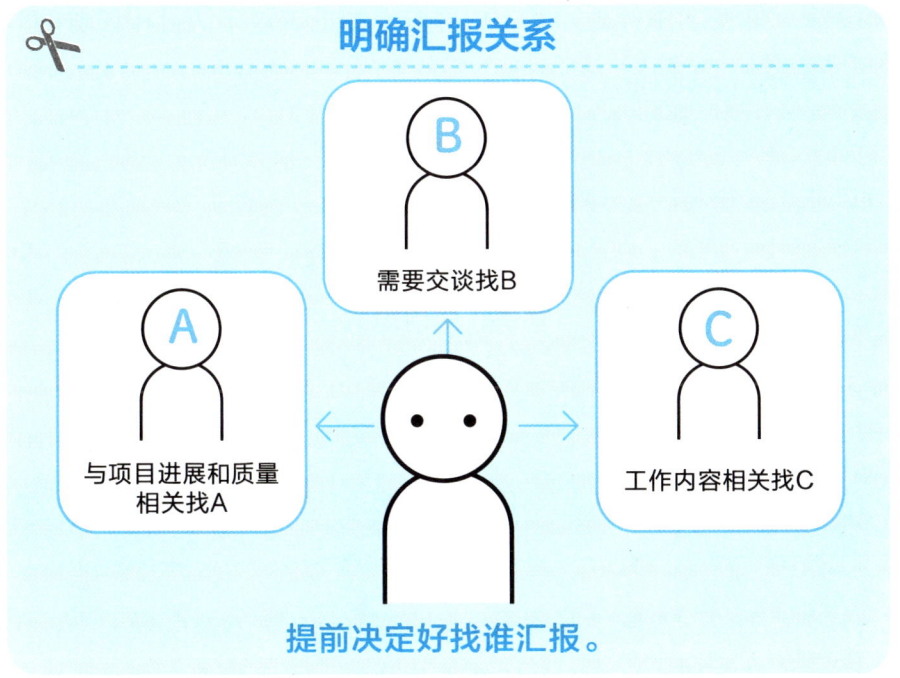

想要寻求和项目有关的意见或与第三者商谈，应该找项目顾问（建议者）。

与工作内容相关，应该找团队成员（任务执行者）。

提前明确汇报关系，能够避免事到临头才匆匆找人汇报的情况发生，也能使信息的共享更加顺畅。

另外，一般来说，报告、商谈通常在会议等正式场合进行，或是用邮件、文件留下记录。但也可以采取在走廊里站着说、边吃边谈等较为随意的方式进行，这样既可以避免流于形式，有时效果也更好。

特别是对身边的利益相关人员，再小的事也要细致地报告。这样一来，即使发生什么问题，也可以节约征求对方认可和理解的时间，便于我们采取进一步措施。

顺便提一句，这里所说的"身边的利益相关人员"不仅包括上司，还包括相关的同事和公司外的人。

● **"收件人""抄送""密送"的使用方法**

用邮件汇报时，需要注意"收件人""抄送""密送"接收人的使用方法。

对此，日常中不少人都用错了，所以下面我将具体说明：

"收件人"（To）基本用于向直接利益相关人员汇报工作。

有人发送邮件时会添加好几个收件人，但这样会导致责任人不明，因此要注意避免这种做法。

如果使用"To"给多人发送了邮件，务必要明确地告诉大家：是必须做的委托和商谈，还是希望某人做哪方面工作，抑或是不需要做什么，只是单纯地分享信息。

"抄送"（Cc）主要是为了将汇报内容作为一种信息传送给那些需要知悉信息内容的人。

收到抄送邮件后，一般不需要采取行动或回复邮件。

收件人・抄送・密送的区别

名称	是否需要回复	彼此的邮箱	主要用途
收件人（To）	是	显示	・发送联络和指令，需要收件人回复，并展开下一步行动
抄送（Cc）	否	显示	・向负责人之外的同事共享信息
密送（Bcc）	否	不显示	・向负责人之外的同事共享信息 ・对非特定多数人同时发送邮件

"密送"（Bcc）和抄送一样，收到邮件后也不需要采取行动和回复，但收件人看不到密送邮件的其他收件人是谁。**对非特定多数人发送同一封邮件时可以使用密送功能。**

可能有人会觉得麻烦，但请务必牢记：明确了汇报关系再进行"报联相"，能够防患于未然，节约时间，提高效率。

6 提高交流质量

"那款新出的手机拍照功能似乎不错呢!"

"我觉得b方案可能好一些,你觉得呢?"

"那份资料你放在哪儿了?"

职场上每天交织着各种各样的对话。

只是这其中到底有多少是真正有价值的交流呢?我们似乎没怎么意识到这一点。

提高职场内的交流质量也是消除无效工作的重要方法之一。

职场上的交流大致分为信息传递、讨论和问答三类。

① 信息传递

所谓信息传递,是指信息发送者考虑到接受者的利益,单方向传递希望共享的信息。在工作场合里,传递的内容通常具有某种价值。

② 讨论

讨论就是经验、见解不同的人彼此交换意见。讨论有助于开阔双方视野，产生新的价值。

③ 问答

三者当中比较麻烦的是问答。

部分问答确实有一定的意义，可还有一大部分却是信息的无意义传递，因而浪费了对方的时间和精力。

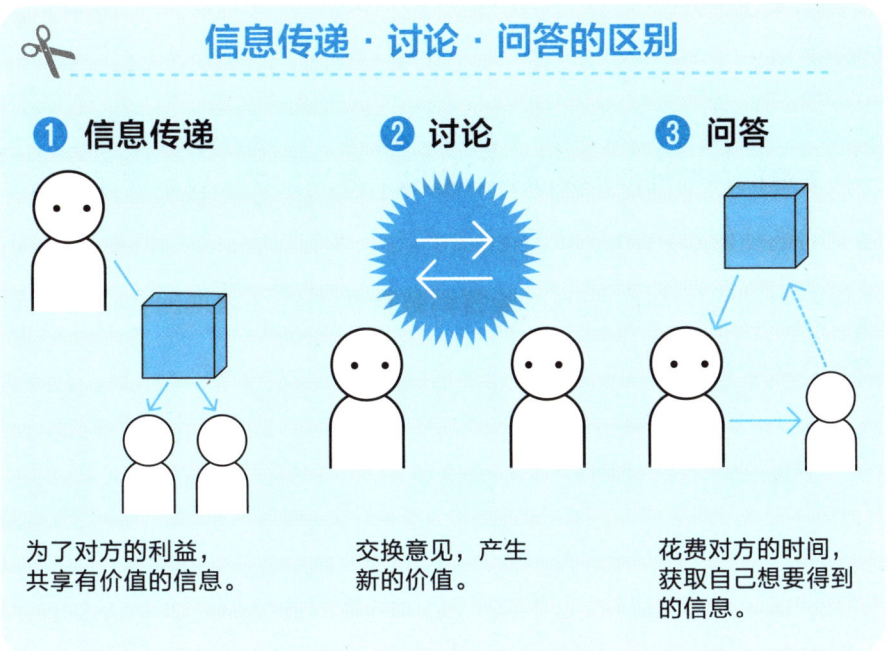

显而易见，要提高职场内的交流质量，有效的做法就是减少问答，增加有益的信息传递和讨论的比例。

● 如何减少问答？

职场内的问答大部分来自提问者自身的需求，如"那个文档在哪儿？""复印纸没有了，找谁要啊？"

要减少这类提问，应当在平常就注意整理公司内的信息，以便需要的时候能快速找到。

被提问的一方则需要用邮件传递信息的"存储地"和"寻找方法"，而不是立刻提供信息。

这样一来，可以慢慢地帮助对方在遇到同样问题时，能够自己找到信息。

信息的存储地指的是链接、电脑上方地址栏里显示的保存位置之类的路径信息。

如当同事问你商品的市场营销数据档案的保管地时，你可以用邮件这样回复：

"请在这个链接里找→（附链接）"

像这样附上地址，对方也能知道信息的保存地，无法直接产生价值的"单纯提问"就会渐渐减少。

当对方询问"信息的查找方式"时，可以用邮件告诉对方寻找方法，如检索关键词的技巧、邮件软件检索功能的使用方法等。

举个例子：

"可以尝试搜索一下关键词××。"

顺便说一下，在我的公司里，如果十秒之内找不到公司相关的信息，我们就会用整理信息、更换电子设备、员工培训等方法加以改善。

多亏了这一点，白天的办公室基本上很安静，容易集中注意力，口头交流也是应对顾客、交换意见、无聊的笑话等有价值的内容。

当"单纯的提问"减少之后，能深刻感受到更高质量的沟通在不断产生。

7 避免被转接电话打断工作

越忙就越是有电话打来，于是不得不放下手里的工作去接电话。如果是打给自己的电话还好，要是接到需要转给别人的电话，会很无奈吧。

特别是，如果接电话的人不在，还会产生一些额外的工作。如向来电者说明情况、写纸条提醒同事回电，或记下委托邮件等。

听到这，各位可能会觉得没什么大不了的。可是小事积少成多也会成为负担。

最不能忍受的是，注意力每次都会被打断，由此造成整体工作效率的低下。

实际上，这个问题稍微动动脑筋就能解决大半。下面我来介绍四个解决策略：

① **提前告知直拨号和手机号**

最常规的办法是，在名片上写出直拨号和手机号，提醒对方打这两个电话。

只不过和总机不同，使用直拨号和手机号会增加通信成本，所以具体还要看你所在公司的经济状况而定。

② **接到转接电话时告诉对方直拨号和手机号**

当接到电话时，告诉来电者同事之前留下的直拨号和手机号，以减少转接电话。

但是，为了不让来电者以为你是在"踢皮球"，最好告诉他这次由你来转接，下次请直接联系本人。这种做法比较明智，不会引起对方的不满。

③ **邮件署名时加上"请用邮件联系"**

给邮件署名时，加上一句"我经常不在，请用邮件联系"。这样可以减少电话转接，促进邮件联络。同样的，在名片上加上这句话，也能达到同样的效果。

不过，如果对方希望你回电，那就痛痛快快地回个电话吧。

④ **明确告知对方"我们没有电话业务"**

还有一个方法，就是彻底放弃电话联络。

为了提高接待效率、留下联络方式记录，最近越来越多的IT企业选择只用网络咨询、即时通信软件与外部联络。

早早行动起来吧，创造一个没有转接电话的清爽职场。

8 保持注意力集中

过去曾流行过"waigaya"这个词，它表达的意思是正面的，指的是在公司里"叽叽喳喳"、活跃气氛，从而不断产生新的想法和理念。

但是，我认为这也要看时机和场合。

头脑风暴时"waigaya"的确能够引出各种意见和想法，然而有些人做的是需要思考、必须集中注意力的工作，"waigaya"会分散他们的注意力。

这对公司来说是一种损失。

突如其来的电话、上司临时派来的工作，这些都让人无法集中注意力。我相信每个人都有类似的经历。

注意力一旦分散，就要花很长时间调整回原来的状态。

这样想来，从时间效率上来看，应该尽量长时间地集中注意力，而不是中途分散。

想要集中注意力，有"更换地点""更换时间段""更换工作内容"等方法。

其中，我最推荐"更换地点"。

● **改变工作地点**

周围吵得人无法专心做事，但却很难对他们说"你们能安静一点吗？我都没法集中精力了"。与其承受这样的心理压力，倒不如主动改变工作场所。

从"地点"方面来看，到底什么样的地方最适合持续集中注意力呢？

我问过很多人，答案有自己家、公司会议室、图书馆、咖啡馆等，五花八门。不过这些答案有两个共同点，即"不需要担心中途被打扰"和"周围有适当杂音"。

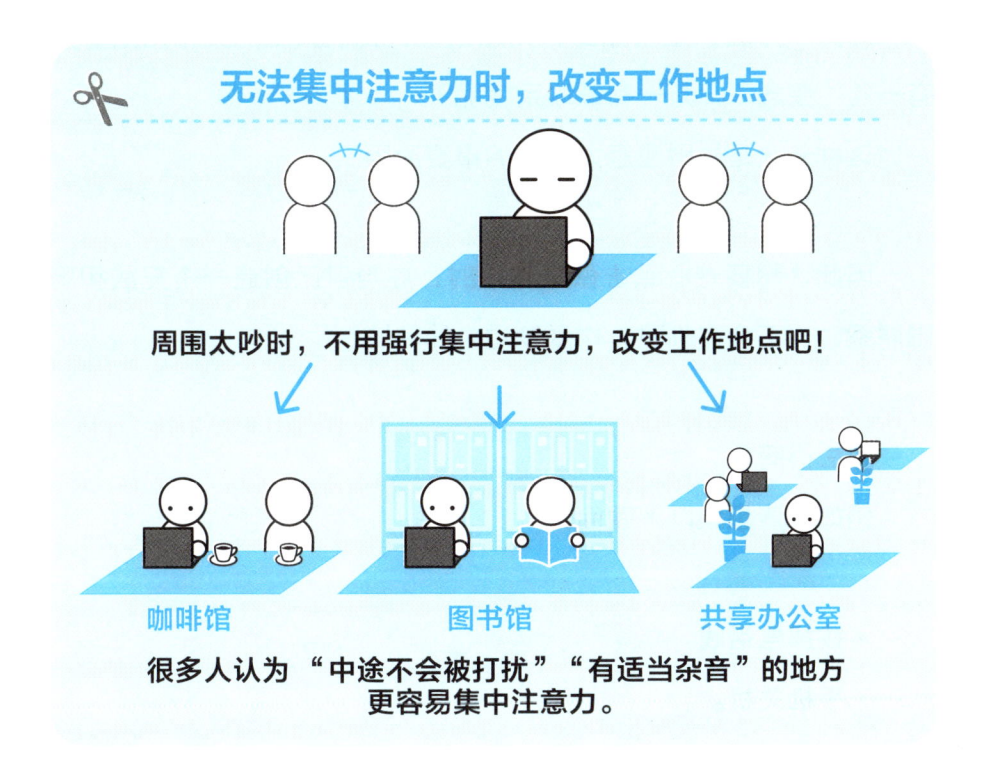

无法集中注意力时，改变工作地点

周围太吵时，不用强行集中注意力，改变工作地点吧！

咖啡馆　　图书馆　　共享办公室

很多人认为"中途不会被打扰""有适当杂音"的地方更容易集中注意力。

顺便说一句，"周围有适当杂音"源于人的一种心理，即

"和周围人彼此并无认识，但还能有某种联系"。人真是复杂的生物啊。

● **彻底切断交流途径**

除了更换工作地点外，还有一个方法我很推荐。

那就是下定决心，暂时切断一切交流途径。

平时得益于电话、邮件、网络等交流工具，让我们与外部社会紧密联系在一起。

而另一方面，正因如此，无意识中，我们大脑的某个角落总是有一丝"杂念"：万一有谁联系我呢？

这种杂念是妨碍注意力集中的重要原因。

因此，想要专心致志做某件事时，应当自己创造一个无法和周围联系、也不会有临时工作派发过来的环境。

做法很简单。

例如，请想象以下画面：

·拔掉电话线。

·手机关机。

·拔掉网线，让自己断网、收不到邮件。

·卸掉电脑里多余的软件。

- **拔掉电视天线。**

你可能会想："想不到是这么原始的方法啊……"但是，这样做效果确实很好。

对了，我很想集中注意力的时候，除了以上做法，我还会把自己锁在房间里，拉上窗帘，桌子上不放任何文件和书，以免不必要的文字进入视线，也不会听音乐，给自己创造一个有利于集中注意力的环境。

切断与外界的连接，可以让我们倾听内心的声音。

9 规范办公邮件使用规则

无效工作

你是否有这样的经历，明明自己已经很忙了，却偏偏在这时候收到一封很长的邮件。

对于每天都要收到大量邮件的职场人士来说，难以阅读的长邮件带来的只有痛苦。

比如开场白过长："首先我必须提前声明……"

有的邮件涉及多项工作，却排版凌乱，让人理不清头绪。

还有的邮件逻辑欠缺："明天如果下雨，我们开个会吧。"

发邮件的人或许是无意，但收信人的工作效率的的确确下降了。这个问题不容忽视。

即便如此，我们也不能把别人邮件的问题一个个挑出来说明。

为了防止类似事件发生，应当在公司内部定下有关邮件的使用规则，创造一种公司文化，让员工们能够尽量简洁地用邮件交流。

① **用一句话来回答或确认**

比如我的公司规定，只要是简单的回答和确认，无论职位高低，一律用"收到！""这个完成了吗？"之类简单的回复。

特别需要指出的是，给上级的邮件如果过于恭敬礼貌就会太长。

实际上冷静想一想，公司内部邮件没有必要写"您辛苦了""给您添麻烦了，非常抱歉"之类的话。

其实，规定"尽量缩短邮件"也能节约邮件发送人写邮件的时间。

② 规定好复杂邮件的书写结构

此外，对于信息量大、内容复杂的邮件，我比较推荐分条列出信息，例如规定"1.a工作……。2.b工作……。3.c工作……"

还有，信息量过多的话，可以像下面的例子一样，使用"<>""■""-""．""①②③"等符号整理结构，明确决定事项和谁来实施，这样能够减轻邮件阅读人的负担。

公司规定好使用的符号和信息的层级，这样就能写出简单易懂的邮件。

③ 确定公司的通用语言

使用公司内部人人都明白的通用语言，也能够提高沟通效率。

例如我的公司会规定，转发参考信息时要在邮件开头写上"FYI（For Your Information，供参考）"；涉及紧急的重要工作时要在结尾处写上"ASP（As Soon as Possible，请尽快回复）"，以减轻写邮件和阅读邮件的负担。

顺便说一句，提前在电脑的词典工具里输入常用单词，这样只要打出首字母就可以自动跳出要用的表达，非常方便。

④ 用邮件名传递信息

另外还有一种方法：尽量用邮件名传达内容，这样收件人都不用特地打开邮件就可以知道邮件内容。

有的邮件内容能用一句话概括，可以将其写在邮件名里，如"（业务联系）今天会议的会场改为b号房（只有邮件名）"。这样一来，收信人不需要打开邮件就能收到信息。当然，写邮件的人负担也大大减轻了。

如上所述，公司或部门规定好使用邮件的规则，能够大幅提高团队的沟通效率。

内容复杂的邮件要注意信息层级

如下图所示，信息量大的邮件可通过"<>""■""-"".""123"等符号整理结构。

<确认事项>

■信息共享会的主题

　1．新产品的销售情况，商场销售情况基本不错。

　2．旧产品的库存增加。

■下次信息共享会的举办日期和举办地

　・2月20日（星期四）14:00～

　・4楼会议室

　　－ 仅限管理层及以上参加。

　　－ 无法出席的人员需在19日前联系上司。

<下一步行动>

■信息共享会上决定的事项

　1．着力新产品的销售，协助尚未收到订单的店铺。

　　　・在附加资料里确认店铺名单和各负责人的分配情况。

　2．同时强化旧产品的销售。

　　　・产品是"AB1220"和"XY2200"。

　　　　－ 在推销新产品时，注意销售旧产品。

10 提高阅读邮件的效率

我有个朋友工作很忙，他曾向我吐槽："每天都要收到几百封邮件，根本读不过来。"

邮件太多，只是阅读就要花费大量时间。万一有重要的邮件，可能会回复太迟，甚至遗漏。

要解决这个问题，应该减少收到的邮件数量、提高读邮件的效率。

我具体推荐以下四个方法：

① 主动退订没读过的电子杂志。
② 不要什么都共享。
③ 使用快捷键。
④ 一天只查看三次收件箱。

① 主动退订没读过的电子杂志

我和很多人聊过这个问题。令我惊讶的是，居然有相当多的人从来不翻阅电子杂志，就那么放在邮箱里。

任由电子杂志发来而无动于衷，不久它们就会挤满收件箱，让你遗漏重要邮件。

如果各位有类似问题的话，最好解决一下这个问题。

具体方法可以是把这类邮件当作垃圾邮件过滤掉，但数量过多会给硬盘带来压力。

因此，请养成习惯，下次收到最近没读过的电子杂志时，就顺手退订了它。

② **不要什么都共享**

不知道是不是因为信息共享的风吹得太猛，我发现许多公司连微不足道的信息都要用邮件共享。

我并不推荐这种做法。乍看上去这家公司高效、公开、透明，但这样会降低公司整体的工作效率，而且我们并不需要去阅读那些对自己不重要的信息。

事实上，完全没有必要全员共享所有信息。公司应该有所规定，根据信息种类决定"收件人""抄送""密送"的不同处理方式。

即便只减少不必要的抄送和密送，也会产生很好的效果。

说起来，要解决信息共享的问题，最好是不依赖邮件，完善服务器上的共享文件和门户网站，让员工各自去确认重要的信息。

③ **使用快捷键**

如果无论如何都摆脱不了大量邮件，那么可以考虑使用快捷键来提高阅读效率。

不同的邮件软件，快捷键也不一样。例如，用上下键选择邮件后，Gmail的已读快捷键是"Shift"+"I"，Outlook的已读快捷键是"Ctrl"+"Q"。

下面我总结了邮件软件常用的快捷键，请务必利用起来。

当然，除了我总结的，还有很多方便的快捷键，请大家自行寻找。

一开始，你可能觉得也没有太明显的效果，可等你牢记这些快捷键并熟练使用后，工作压力会大大减轻。请各位有意识地试试看吧。

邮箱软件常用的快捷键

	Gmail	Outlook
显示收件箱	[G]→[I]	[Ctrl]+[shift]+[I]
发送	[Ctrl]+[Enter]	[Alt]+[S]
回复	[Ctrl]+[R]	[Alt]+[R]
全部回复	[Ctrl]+[A]	[Alt]+[L]
转发	[Ctrl]+[F]	[Ctrl]+[F]
标为已读	[Shift]+[I]	[Ctrl]+[Q]
标为未读	[Shift]+[U]	[Ctrl]+[U]

④ **一天只查看三次收件箱**

老是挂念着收件箱就没法集中注意力工作了。

为了避免这类情况发生，可以给自己规定好查看邮件的时间，一天只看三次收件箱。

我大致是在"9∶30""13∶30""17∶30"三个时间点集中查看、处理邮件。

大致扫一眼邮件的主题和正文，判断它属于"读了就行""需要马上处理""之后处理"中的哪一类，然后从"读了就行"的邮件开始通读。

等有了头绪，再按顺序着手"需要马上处理""之后处理"的邮件。

随着时代的发展，邮件之外的交流方式也逐渐登场。为了更好地区分和使用这些工具、没有压力地推进工作，让我们每天都做出小小的改变吧。

11 善用即时聊天软件

无效工作

"刚刚说的产品型号，是PTSS-10吗？"

"产品目录文件放在服务器哪里了？"

这样"没有紧急到打电话询问的程度，但也没时间等待邮件回复"的交流，常常在公司里发生。

这种时候，有人不管对方是不是方便，直接就拨打了手机或内线电话；也有人考虑到对方的情况，想着"下次再问吧"，结果没有下文了。

小事还好，但有时"搁置不管"会导致很严重的问题，比如错过新的发展机会、引发纠纷等。

● 用即时聊天软件弥补交流漏洞

遇到这样的问题，聊天软件就派上用场了。

平时多使用聊天软件确认琐碎的事情，能够减少交流漏洞，也能预防大的冲突。

聊天软件是"即时通信"这类App的总称。

这类App通过互联网、局域网实现实时交流，且基本上是免费的。

一般来说，聊天软件在收到新消息时，电脑屏幕会弹出消息提醒。用户可以选择有空的时候读消息。回信也很简单，在聊天框里输入文字发送即可。

我在咨询公司工作时就开始使用聊天软件，现在它在我的工作中已经不可或缺，主要用于和公司内外的人进行业务联系和确认。

聊天软件可以直接发送一些重要信息，如工作执行的相关链接和文件路径等，非常方便，给了我很大帮助。

多亏了聊天软件，公司内部基本上再也不用内线电话了。

另外，和邮件相比，聊天软件有很多好处。例如，邮件开头要写"承蒙您的关照"，但用聊天软件中可以直接说结果，如"ok！""资料放在……"

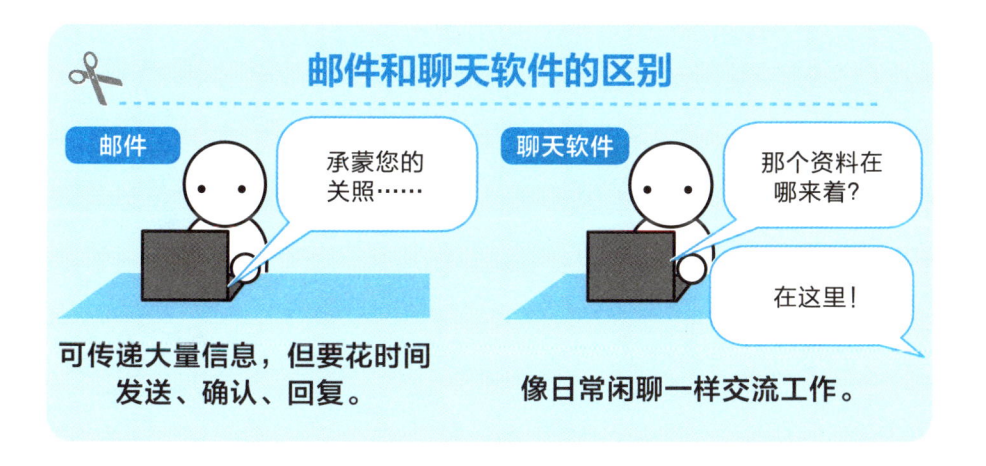

邮件和聊天软件的区别

邮件：承蒙您的关照……
可传递大量信息，但要花时间发送、确认、回复。

聊天软件：那个资料在哪来着？ 在这里！
像日常闲聊一样交流工作。

还有一点。一般来说，当你打开聊天界面，对方就能立刻得知你已经在线，因此不用说也能告诉对方你是否在岗、现在能否交流。

以Skype为例，你可以根据自己今天的状态选择"在线""不在座位""忙碌中"的其中一个，让别人知道你的情况。

让别人知道自己的情况，可以实现互相为对方考虑的交流，提高职场工作效率，构建同事间的互信关系。

电话无法做到这样的事，而聊天软件可以。二者差异可见一斑。

第一章小结

1. 委托别人的工作总是不了了之

→不要嘴上约定,应该用邮件留下委托记录。

2. 不求助他人,独自苦苦支撑

→①大事化小;②消除障碍;③调整难度。

3. 在模棱两可的指令间疲于应对

→明确目的、结果、期限、计划、注意点、帮手、预算。

4. 毫无意义的"报联相"

→不要特别执着于面对面的报告和联系,提高交流的效率和质量。

5. 混乱的汇报关系

→提前想好哪项工作该找谁商谈。

6. 职场内讨论太少,单调的问答太多

→减少问答,增加有益的信息传递和讨论。

7. 忙于转接电话,手上的工作一再被打断

→把手机号码告诉对方,促进邮件联络。

8. 偏偏在想集中注意力的时候被拉闲话

→不用告诉周围"请安静",主动改变工作地点即可。

9. 邮件太长,要读很久

→定下规则,简化交流,固定复杂邮件的书写结构。

10. 每天要读大量邮件,心力交瘁

→过滤无用信息,提高阅读效率。

11. 一些不大不小的工作交流难以进行

→善用聊天软件。

第二章

消除无用的压力

（人际关系篇）

12 避开公司内部的派条斗争

在一家公司工作待久了，就会发现公司内部的派系斗争。当然，也有的公司是没有派系斗争的。但是，价值观不同的人们一起工作，大大小小的人际关系催生派系，也并不稀奇。

一般来说，职位越高，越能看清派系斗争，自己也不得不面临站队选择。

派系斗争种类多样，学历、思想、利益都能带来分歧。但所有派系的成员都联系紧密，职业发展较快，一旦出现问题，还可以请派系领导将自己调到其他部门。正因为这些好处，派系才能持续存在。

● **了解派系斗争的缺点**

然而，从属于某个派系并不意味着可以高枕无忧。比如上司垮台、形势变化，派系成员也很难全身而退、东山再起。加入某个派系，也要承担一损俱损的风险。

我并不是说派系没有一点好处，但它的确无法让人看清自己真正的水平。

如果你想提高自己的能力、不断成长，就不要轻易加入某个派系。

不加入派系，你在公司的发展和评价可能得不到"东风"相助，但也不用在无益的事情上浪费时间，能够集中精力好好发展自身。

人们都说，比起"基于纵向权力结构的派系"，"基于横向信赖关系的联系"将成为职场关系的主流。

也就是说，你自己的人格魅力和能力才是关键。这样想来，应该把时间花在提升个人魅力上，而不是加入派系，执着于职位高低。

一旦加入派系，再退出就难了。因此当别人邀请你加入某派时，应提前准备好拒绝的方法。

我从一开始就塑造了自己不会加入任何派系的形象，但也和对立的两派中心人物友好相处，因而没有被吸纳进其中任何一个。并且，我也不会随便议论哪方好或哪方不好。

由于工作性质的缘故，我接触过各种各样的公司。日系企业、应届毕业生职员占多数、历史较长的公司里常有派系斗争。

当今时代日新月异，各种事物的发展形势也是瞬息万变。我们必须认识到一点：固定自己的圈子往往伴随着危险。

请务必小心，人情羁绊会剥夺你大量的时间和精力，是其他无用功无法比拟的。

无效工作

13 避免"老大与小弟"的职场关系

你身边有没有一种"老大"类的前辈或者上司？他们非常照顾人，但同时也相当强势。

这类人的优点是，他们会非常照顾自己手下的人。一起去吃饭的时候当然也是他们请客，你要是打开钱包，他们还会生气。

但另一方面，他们也会要求自己照顾的人表现出相当的忠诚度。这也理所当然，但没准就会成为你的阻碍，剥夺你的自由和时间。

如果你想好好珍惜自由和时间，就应该避开这种"老大与小弟"类型的职场关系。

● **展现独立姿态很重要**

抱着"有什么事就求助他人"的想法是无法自立的。

要想真正地自立，必须做好不靠师父也不依赖"老大"的思想准备。

比如，日本娱乐圈的头部艺人显然是没有师父的。因为一旦处于别人的庇护下，就会恃宠而骄、有所顾虑，不再拼命努力了。

此外，什么事都看"老大"的脸色，会失去自己做出独立判断的机会。

被"老大"的压力剥夺了自由

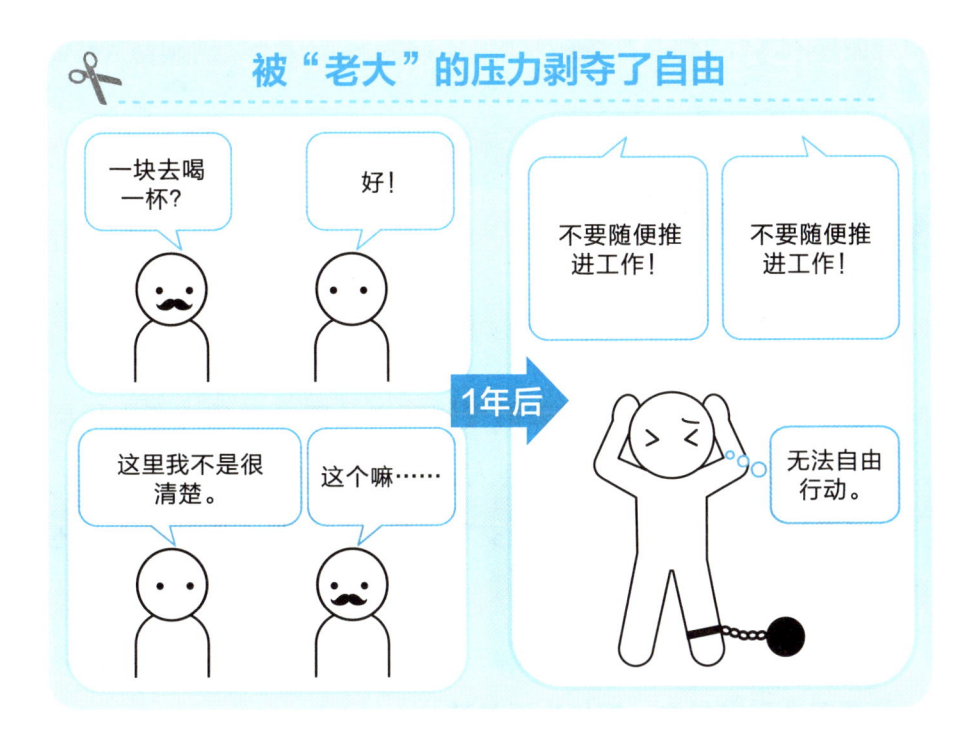

一块去喝一杯？

好！

这里我不是很清楚。

这个嘛……

1年后

不要随便推进工作！

不要随便推进工作！

无法自由行动。

要自立、获得自由，就需要和老大味儿的人保持微妙的距离，避免无意中成为对方的小弟。

一旦成为小弟，再想摆脱这种关系就得花不知几倍的时间和辛苦。现在是合作共赢的时代，而不是上下级关系的时代。用自己的力量和头脑开辟命运之路吧！

另外，"老大与小弟"和上一节提到的"派系"不同，前者说的只是个人关系，并不意味着他属于某个团体。

14 拒绝酒场、k歌和二次会

近年来，虽然人们对过去的传统宴请及宴会形式持有不同意见，然而酒会、k歌文化作为商务人士的爱好依旧根深蒂固。

如果能享受工作相关的"社交"，可以借此机会缓解压力，还有助于构建人际关系。

● **如果无法乐在其中，拒绝也没关系**

有些人明明不喜欢应酬，却为了工作上的利益和好处，硬着头皮也要上。

在非工作时间应酬本来就会花费时间和金钱。如果深陷于此，恐怕日后会成为束缚自己的阻碍。

另外，特别要注意二次会。

第一场应酬的结束时间往往是定好的，然而二次会就不一样了。不知是不是心情放松下来的缘故，二次会常常持续到末班车的时间，甚至通宵。如此一来，好不容易靠提高工作效率省出来的时间就这么被荒废了。

除非自己开心，否则没有必要为了获取工作中的利益，牺牲自己的时间去应酬。

无须担心拒绝对方会影响自己的晋升和公司的生意。

当今时代看的是你在工作中产出多少价值，而不是应酬的频率。

这不仅是金钱和时间的问题，更是关乎保护你的自我。所以必须鼓起勇气，拒绝自己不感兴趣的邀约。

● **被邀请前要想好拒绝的理由**

如果客户和上司邀请你去参加不感兴趣的应酬，你应先感谢对方的邀请，同时不失礼貌地说："不好意思，那天我有别的事情。"

如果是二次会，那就说"我还有工作没做完""明天要早起""身体不太舒服"，从而推脱掉邀约。

如果你不擅长拒绝，那就提前告诉组织者自己不参加，或是被邀请前就想好拒绝的理由。

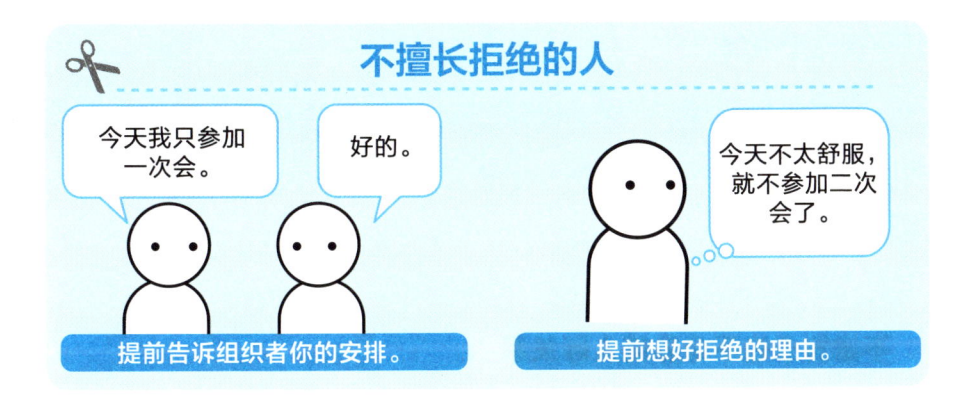

不擅长拒绝的人

今天我只参加一次会。

好的。

今天不太舒服，就不参加二次会了。

提前告诉组织者你的安排。

提前想好拒绝的理由。

需要注意的是，不要拒绝后还去参加其他的二次会。这种时候诚实地说"我还有事情，先失陪了"即可。

无效工作

15 不要将时间和精力浪费在写贺卡上

当今时代，人们无论何时何地都能相互联系。长久不见面的朋友只要通过社交网络，就能把握彼此的近况。

但是，互送新年贺卡的文化仍在商务场合中根深蒂固。

很多人依照每年的传统，不加思索地送贺卡。然而仔细想想，这难道不奇怪吗？

当然，送贺卡是日本人多年以来的传统，这一点我完全可以理解。但年底已经够忙了，还要分配大量时间去写贺卡，我们需要重新审视这个事情。

给平时关照自己的人新年贺卡，向他表达自己这一年来的感谢，这种想法本身没有问题。但或许我们可以尝试不给那些频繁见面的人送贺卡。

● **不送贺卡也不会影响人际关系**

除了私下收到的贺卡，我好几年前就停止送贺卡了。

与此同时，我会选择别的形式表达平日里的感谢和敬意，比如面对面道谢。

用新年贺卡以外的方式加深人际关系

① 见面时表达感谢
- 一直以来多谢你的关照了。
- 我也要谢谢你。

② 注重日常交流
- 今天是某某的生日啊……

③ 在对方有困难时提供帮助
- 我能帮上什么忙吗？
- 谢谢你。

将自己从买贺卡、写贺卡的压力中释放出来，就多多少少能意识到那是负担。

说到这里，一定有人会想："这会不会影响到工作中的人际关系呢？"但至少我本人不送贺卡并没有带来任何影响。

有意识地认真对待日常交流，谁有困难就不辞辛苦地帮他一把，这才能够建立真正的人际关系。

除了新年贺卡，其他节日或到了年底时也还有一些没什么用的习俗。

先去重新审视礼仪习俗的意义和效果，再用今天的眼光一个个地改善吧。

最近，有的公司像落实夏季西装规定一样，开始以公司为单位减少赠送新年贺卡和年礼。

无论是照顾客户方面，还是从减轻员工负担等角度来看，这类新风若能顺利普及就好了。

无效工作 16　不要只和自己部门的人来往

所属部门关系紧密是好，但一不小心就会只和同部门的人来往，自己的想法和价值观也自然而然地固化了。

并且，集体里的关系演变成束缚，可能会使自己失去自由。

此外，紧密的关系朝着消极方向发展，就会产生派系。如前所述，这样下去对之后的人事调动、职业生涯都会产生影响。

● **也和其他部门的人积极交流**

但另一方面，平时就和各个部门的人交流沟通，不仅会有新的发现，还能建立信赖关系，以备不时之需。

例如，营业、开发负责人平时就和法务、会计部门的人建立坦率沟通的关系，一旦在合同、预算方面的工作中遇到困难，没准能得到意想不到的建议和帮助。

不仅如此，自己的行为影响到其他人，能够促进部门间的交流，形成没有束缚和隔阂的职场氛围。

依照我过去的经验，组织的庞大容易让自己迷失方向。因此，主动了解其他部门的功能和情况，也能把握自己在公司的定位。

● **偶尔一个人去吃午饭**

和投缘的同事一起吃午饭是公司生活的一大乐事——这我可以理解。况且一起吃饭也有助于建立协调的人际关系。

但是，为了配合他人的时间而调整自己的工作步调，时间效率将会大打折扣。听说在利润率超过50%的基恩士公司，员工为了提高工作效率，都是单独吃午饭的。

毫不遮掩地避开他人、独来独往也是问题，但偶尔一个人享受午饭能在许多方面起到积极作用。

在和以往不同的时间、地点，一个人随心所欲地享用午餐，可以思考平时不会思考的东西，产生新的发现，还能反省自身。

只要周围的人知道你是"喜欢独自吃午饭"的人，也不会有无用的人情羁绊来束缚你，在各个方面都轻松了不少。

有些人深陷部门内部人际关系，让他们马上说出"我想一个人吃午饭"也许很困难。但可以巧妙地创造外出机会，有意识地与周围的人保持恰当的距离感。

17 避免与客户的人情往来

虽然工作中的接待在减少，但在某些领域，接待仍作为一种商业惯例保留至今。

自己喜欢的话还好，但如果只是为了工作上的利益去接待的话，会剥夺自己的私人时间。我们需要重新看待这件事了。

● **不和要求接待的人来往**

从经营的角度来说，过度的接待会阻碍公司和个人的发展。但实际上还有人专程来要求接待和赠送礼品，把这样的行为看作对双方业务往来的回报。这种人很少，但不是没有。

实话实说，没必要同这种人、这种公司来往。这样做日后可能会被迫卷入一些纠纷。你没必要和他们建立长期关系，不是吗？

今后的时代，比起过去通用的特权和恩惠的力量，商品本身的价值和从中产生的经济效果更加关键。

宴席上作陪的时间其实与工作质量无关。

类似于苹果这样的公司会通过自家商品的价值来提高公司的评价。同理，企业和你自身都只能通过商品来真正提高价值。

● **请知悉：供货商的接待伴随风险**

接待原本是交易往来的润滑剂，有加深人际关系、获取信息等作用，因此才在许多企业中盛行。

员工私下的个人行为是不违法的。

但是，因为接待是使用公司公款，所以容易掺杂订货员工的个人想法。

实际上在许多公司，即便商品质量有点问题，受到接待的负责人也会向供货商订货。这是常有的事。

如果你问订货负责人选品理由，他会说自己信赖供货商。而这种信赖和商品无关。

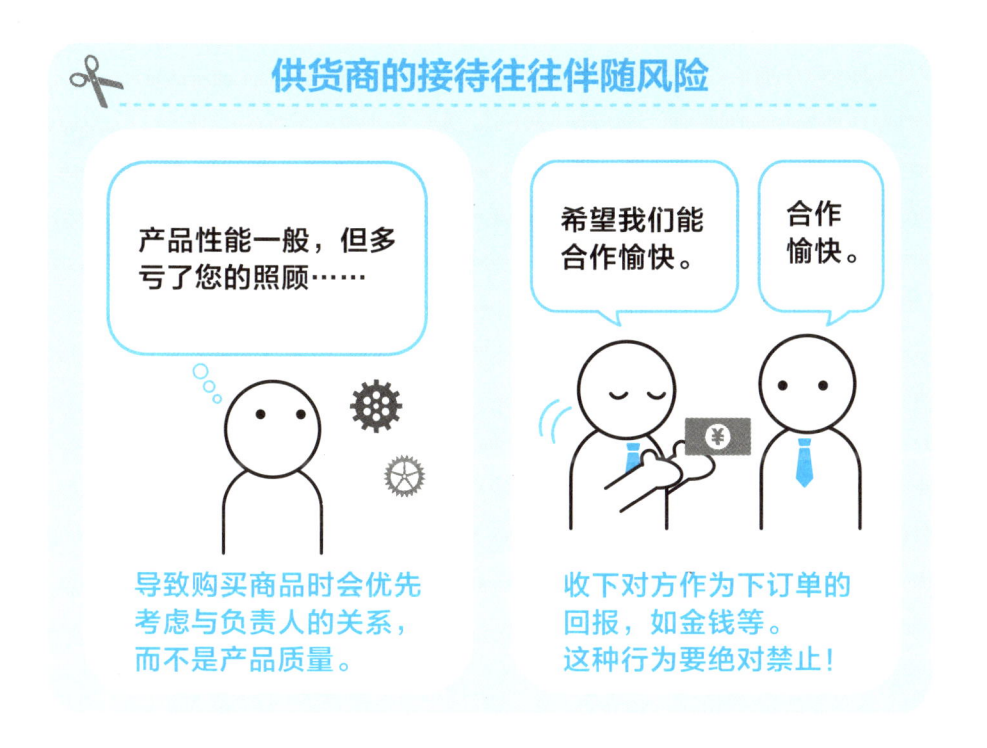

供货商的接待往往伴随风险

产品性能一般，但多亏了您的照顾……

导致购买商品时会优先考虑与负责人的关系，而不是产品质量。

希望我们能合作愉快。

合作愉快。

收下对方作为下订单的回报，如金钱等。这种行为要绝对禁止！

如果只是这样的话还勉强可以允许。但如果对方变本加厉，接受供货商的谢礼，私下收了钱，恐怕就属于受贿和渎职了。

供货商的接待会妨碍合理判断，容易滋生不正当行为，还是不要接受为好。

即使订货方拒绝了接待，双方关系也基本不会恶化。

同时这种行为还可以避免被他人怀疑、产生隔阂。想去的话就自费去。我也一直是这么做的。

希望我们能靠提案的内容和个人魅力一决胜负，而不是靠接待获得订单。

第二章小结

1. 被派系斗争左右的职业生涯

→和派系保持距离，把时间用来提高自身能力。

2. 被"老大"的压力束缚

→放弃总想求助他人的习惯，和"老大"保持距离。

3. 无聊的酒场、k歌和二次会

→没兴趣就拒绝。不擅长拒绝的话，在被邀请前想好拒绝的理由。

4. 忙得不可开交，还要写贺卡

→不写新年贺卡，而是在日常交往中加深人际关系。

5. 只和自己部门的人来往

→与其他部门的人保持交往。

6. 接待剥夺了我的时间

→重视商品和服务的质量，尽量不参与接待。

第三章

事半功倍
（工作会议篇）

18 正确认识工作会议

即使在此刻，世界各地也都在召开各种各样的会议。

行业和职业不同，会议占用工作时间的比例也不同。特别是当你联系电视台或节目制作相关的公司时，对方总是说"今天白天要开会"。真是不可思议，他们到底什么时候办公呢？

据统计，日本的商务人士在会议上花了相当多的时间。

会议种类也各不相同，有信息共享会、讨论会等。

特别是大公司，总是频繁召开会议：例会、部门会议、执委会议等。但在看我来，完全没有必要开这么多会。

有的会议一开就是几个小时，参加者无法全程集中注意力，甚至还有人在下面偷偷做别的事情。

● **注意到无效会议**

在我见过的许多公司里，没有几家是开会效率高的。

绝大多数会议一开始就下了结论，会议上仅仅是核对数字，不知道决定了些什么东西。

我曾工作过的某家日系大公司的早会尤其严重。别的团队早就开完会，出去跑业务了，只有我们组的会议出奇地漫长，科长每天早上都要进行一番30分钟的个人演讲。

例会也仅仅是核对数字，不共享分析结果，而且在工作确认方面也偏向拥有大客户的业务负责人。因此其他人只是在与睡魔作斗争，熬到散会罢了。

● **意识到会议成本**

是时候放弃这种传统会议了。

我认为，在企业运作过程中，会议耗费的成本最高。

如果将参加者的年薪换算成时薪，乘以会议时间和人数，就会发现最终金额高得惊人。

如果是将团队的目标销售额换算成时薪，结果更令人震惊。

和会议成本比起来，日常用品的成本和其他经费真是微不足道。现在我们必须认识到一个现实：在各种各样的成本当中，人员费用是最高的。

这样一想，提高会议的生产效率，能够显著增大成本效益，也能大大促进团队的成长。

● **会议的目的是产出成果**

会议本如其名，是人们会面、议论，从而产出成果的地方。

不论是线上会议还是线下会议，人们都要特地调整时间来实时

开会的成本有多高？

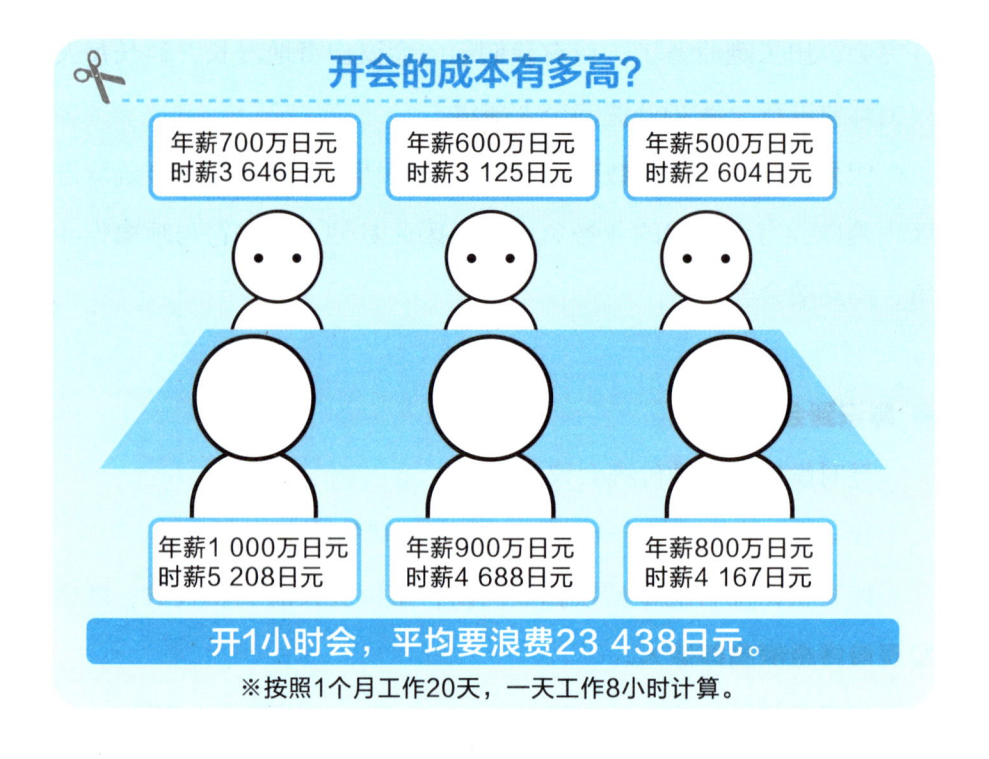

年薪700万日元	年薪600万日元	年薪500万日元
时薪3 646日元	时薪3 125日元	时薪2 604日元

年薪1 000万日元	年薪900万日元	年薪800万日元
时薪5 208日元	时薪4 688日元	时薪4 167日元

开1小时会，平均要浪费23 438日元。

※按照1个月工作20天，一天工作8小时计算。

参与交流，所以应当努力让会议产生更多的成果。

实际上，开会方式不同，生产率也惊人地不同。

我曾从日系大公司跳槽到了外企咨询公司，那时，我深深感受到了外企的开会方式和以往经历过的会议有多么不同，受到很大冲击。

周到的会前准备，提前定好的会议目的和目标，明确的任务分配。

开会过程中，三个投影仪展示与议题相关的资料，参会者的交流中带着适度的幽默，节奏把控得很好。我简直不敢相信，同一个国家里竟有这样的公司会议。

合理正确的方法能够发挥参加者的能力，从而产出最好的成果。今后的时代将会更加需要这样的会议管理方式。

19 不要以参加者的职位高低决定会议结论

由于头衔和公司内部文化等因素，有时，会议结论一开始就由参会人是谁而决定了。

这是我最讨厌的无效会议。

其实，会议发言者的身份不重要，发言内容本身才重要。无论是谁发言，内容本身都必须被认真对待。

若是会议结论由头衔和官职决定，那么不包括在内的人自然会失去积极性。

● **增加主持人的话语权**

如果不想让参加者的头衔决定会议结论，那么就必须增加会议主持人的话语权。

做起来其实很简单。在会议开始时就列举出要集中讨论的问题和争论点就可以了。

并且在讨论开始后要保持平衡，不只让特定的人发言，要给多个人发言的机会。例如可以说"其他人还有什么意见吗"，引出不同的论点和各种各样的意见。

会议主持的秘诀

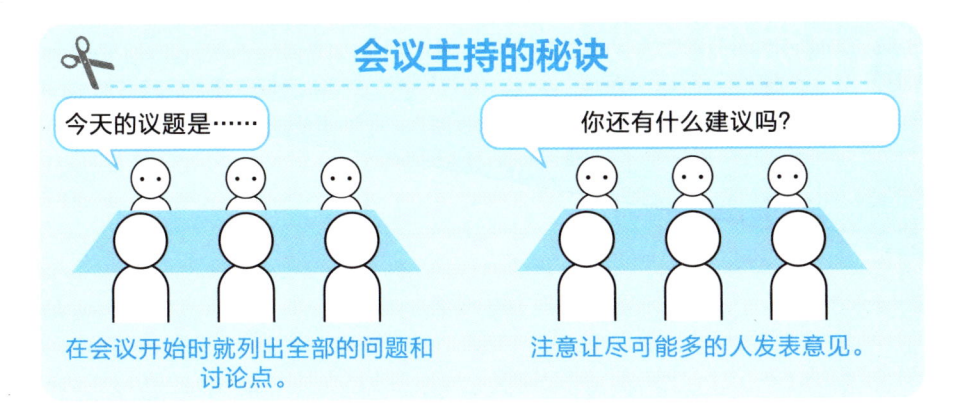

今天的议题是……

在会议开始时就列出全部的问题和讨论点。

你还有什么建议吗？

注意让尽可能多的人发表意见。

即便如此，也许还会或多或少照顾到参加者的头衔，但多种多样的论点和意见摆在台面上，能显著提高参会人员对会议结论的参与感。

有些会议只有走个形式，注定不会有什么收获，为了节约时间，应当回避这类会议。

然而现实是，成年人的世界有许多身不由己。有些会议的确不得不参加。

在这种时候应当尽量说出和周围人不同的观点、意见和感想，一定要创造发言机会，尽可能在会议中留下痕迹。

感受不到自己存在的意义、无法发挥自身价值的会议是最浪费时间的。

如前文所说，会议的成本是"时薪×时间×人数"，成本巨大。因此，无效会议对公司来说是莫大的损失。

平时不开无效的会议，不请只有头衔而没有意见和提案的人参会。创造这样的职场环境越来越重要了。

20 明确会议目的和目标

无效工作

"大家一直争个不停""总是聊不到正题上""老是没个结果"……你开会的时候有没有类似的经历？

如果有的话，很可能是因为还没弄明白会议的目的和目标，就稀里糊涂地开了会。

会议的目的和目标不明确，参会人员就如同乘坐不知驶向何方的船，忐忑不安。

设置并共享会议目的和目标，对于保证会议质量非常重要。所以领导者和主办方在开会前应当明确下面两件事：

● **决定会议目的**

会议目的就是开会主旨，大概分为下面三个部分：

· 决定事情
· 收集大量意见
· 共享信息

为了不浪费参加者的时间，开会前要想清楚：为什么要开会？

不开不行吗？有没有明确的目的?

● **决定会议目标**

会议目标就是为达成目的需要做的任务。设置目标时要注意反问自己：目的和目标一致吗？现实中可以达成吗？目标内容有遗漏吗？

例如会议目的是"规划有魅力的新产品"，那么目标大致如下：

・定位产品的目标客群
・找到目标客群青睐的内容和设计的方向
・决定目标客群认可的价格

设置了明确的目的和目标，即便会议中途讨论脱离了主题，也能很快拉回来。

同时还有助于决定开会方式，比如召集谁来开会，什么时候开会等。

我之前工作的外企咨询公司会严格明确所有会议的目的和目标。

入行第一年的菜鸟咨询师也会被问道："冈田，这次会议的目的和目标是什么？"我刚跳槽那会儿好几次都被吓了一跳。

明确会议的目的和目标，参会人员把注意力集中在这些问题上面，开会的质量自然便提高了。

21 明确会议中的责任分配

即使决定了会议的目的和目标，开会时如果未能明确参加者的责任分配，会议也会达不到预期效果。

结果就是大家各说各的，无法拧成一股绳。最后什么建议和想法都没得到，会议草草结束。

因此，在设定会议目的和目标时，就应该决定好责任分配和开会方式。

特别要说的是，参加者是谁对会议质量影响很大，所以要慎重决定请谁来开会。

其实只要叫那些能在会议上发挥价值的人来参会就好了。

不用邀请旁听者或者一味提出批评却拿不出不同提案的人。

人越多，意见就越分散，大家光会点头附和的话，结论也会有失偏颇。

如果是共享信息和确认进展的会议，人多也无妨。但如果是互相交换意见、决定某些事项的会议，最好把参加人数控制在6人以下。

会议中的角色分为四个：主办者、主持人、记录员、参加者。

① 主办者

主办者负责的是设定目的和目标，明确会议的5W1H，发送参会邀请和相关资料等计划方面的工作。

现实当中主要是部门和团队的领导者来担任主办者。

② 主持人

主持人的职责是把握时间流程，控制讨论不偏离目标，明确议题的决定事项、下一步行动的负责人和行动期限。

如果会议规模比较小，主办者和主持人常常由同一人担任。

另外，不一定非要领导者来担任主办者和主持人。根据情况，也可以由提出主题的团队成员担任，只要选择适合的人即可。

③ 记录员

记录员的职责是写会议记录。

不过不能只写流水账。会议记录的目的是让会议的决定事项和行动方针更加清晰。

如果会议记录里对"会议之后谁该做什么"写得不够清晰，就说明这份记录是无效的。所以写的时候要注意这一点。

在很多情况下，参加者可以轮流写会议记录，不过也可以把这个任务交给新人当作锻炼。

会议的责任分配

① 主办方的责任
- 明确目的和目标；
- 发送参会邀请；
- 发送相关资料等。

② 主持人的责任
- 把握时间流程；
- 控制讨论不偏离目标；
- 需要决定事项的明确及具体化等。

③ 记录员的责任
- 写会议记录。
- 记清楚决定事项和下一步行动。

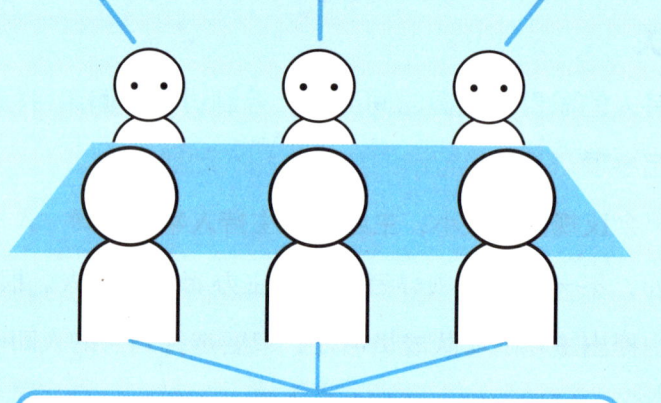

④ 参加者的责任
- 理解会议目的和目标；
- 为达成目标积极交换意见等。

选择参加者的秘诀

- 选择对议题有想法、能积极提出意见的人；
- 不选拿不出方案、只知道批判的人；
- 如果需要决定某个事项，参会人员控制在6人以内。

④ **参加者**

参加者也是一个不错的角色。

参加者的职责是理解会议目标，为达成目标积极交换必要的信息和意见。

根据会议内容，可以从外部招聘人才，从而获得各种意见和想法。

只有很少一部分人在作为参加者出席会议时，能够清楚地认识到自己的责任。所以领导者应当使团队全体成员都意识到参加者的职责所在。

如上所述，明确了责任分配，会议就能毫不停滞、不带纠纷地顺利进行了。

22 开会方式要符合会议目的

还不知道会议内容呢,就被告知:"总之都先过来。"等人都到了,会议却开得拖拖拉拉,每个人都坐在那里不知所措。你有没有类似的经历?

其实开会方式大致可分为四种。在通知人们要开会时,就必须告诉参加者会议类型。

这四种类型分别是:以讨论为目的的"决议会议"和"头脑风暴",以传递信息为目的的"说明会"和"报告会"。接下来我将一一说明它们的特征。

● **决议会议**

决议会议的流程是,参加者之间进行充分的讨论,然后当场作出某种决定。

重点是要明确用何种方针作出什么决定,以及拥有最终决定权的人必须参会。

● **头脑风暴**

头脑风暴的流程是,参加者自由地交换构思,争取引起连锁反应，产生新的想法。

实际实施过程中，要注意：不要在会议中途做出判断和下结论，欢迎自由大胆的想法，重视质量而不是数量，将想法结合起来进行延伸。

● 说明会

说明会是说明人传递信息的会议，如新人事制度说明会、录用说明会等。说明内容应该是信息性的，说明方法也要简洁易懂，这样才能给听众留下印象，让他们听明白。

● 报告会

报告会是传递、分享一个单独信息的会议，如营业成绩和海外视察报告。尽量提前把报告内容用邮件发给相关人员，这样一来，如果在会议过程中要对报告进行问答，可以更加高效。

迄今为止，我见过不少不提前告知会议类型、把参加者丢到一边的会议。

要想开好会，就应当根据会议类型的差异采用不同的方式，并且告诉参加者今天的开会方式。

希望各位在开会时都能想到我说的这些要点。

23 做好会前准备

无效工作

我刚入职那会儿，电脑还没现在这么普及呢。所以大多用纸这种传统方式预约会议室、准备资料等。

在会议室的预约管理板上写下必要事项，按人数印刷并分发会议资料等工作都是由资历最浅的我来做。当时真是手忙脚乱。

现在信息技术这么发达，会前准备应当更智能、简单才对。但我问了一些年轻的商务人士，好多人都说，现在会前准备还是相当麻烦。

会前准备是必要的，但它不会创造新的价值。

所以应该提高这类工作的效率，把更多的时间花在可以提高生产效率的工作上。

主办者要做的会前准备有：预约设备、发出参会邀请、提前发送资料。

① **预约设备**

预约设备指的是预约会议室和设备，不同的公司有不同的做法。

在我之前工作过的公司里，预约会议室和设备都是用的在线群组软件。

现在许多公司也导入了这样的软件。从2～3人用的小空间到30人的大会议室，只要使用手机和电脑，不论在公司内外，都可以看到当前的预约情况，也能进行预约。

即便没有群组软件，如果管理对象不太多的话，用Excel做一个预约管理表，设置成共享就可以了。

无关乎公司规模，共享会议室的预约信息能给员工带来很大的便利。所以推荐各位放弃纸张，选择线上的预约管理方式。

② 发出参会邀请

发出参会邀请指的是主办者用邮件发送写有开会概要的参会邀请给邀请对象。

这里的重点是，不要快开会了才发，要尽量留出一些时间，了解参加者的日程。这样一来就能大幅减少时间调整的工夫。

最近，一些日程管理工具可以直接发送参会邀请邮件，还出现了许多特别用来调整日程的云服务。好好利用这些工具也会有所收获。

③ 提前发送资料

特别是以讨论为主要内容的决议会议和头脑风暴，在会议开始的前一天把资料发给参加者，能够提高讨论水平。

根据参加者和设备预约情况，也可以使用纸质会议资料。但是，如果全员都配备了手机、平板和笔记本电脑，发送电子资料可以省去打印装订、核对份数、分发资料的时间，将精力都集中在会议本身。

在我自己的公司里一次都没打印过会议资料。

前面所讲的看上去都是些琐事。只不过，会议规模越大，越会有细致的任务，花费的时间和精力也越明显。

特别是准备大型会议时，如果能写一份清单，将任务一件件攻破，就不会有遗漏，会议当天也不用手忙脚乱了。

会议的质量不仅要看参会人员的水平，还在很大程度上取决于会前准备的好坏。

第三章 事半功倍（工作会议篇）

会前准备可以提高开会的效率

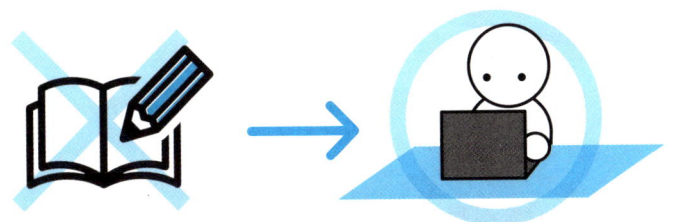

❶ 设备的预约

纸和笔记本等效率低下。

使用群组软件和Excel表格进行线上管理效率更高。

❷ 发出参会邀请

明天开会……

开会时间预计是下周的后半周……

临开会了再发邀请，对方可能难以腾出时间。

尽量留出时间，了解参加者的日程安排。

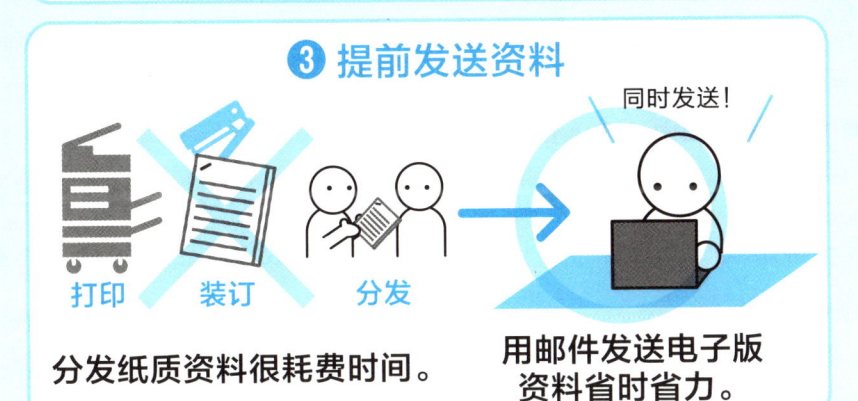

❸ 提前发送资料

同时发送！

打印　装订　分发

分发纸质资料很耗费时间。

用邮件发送电子版资料省时省力。

24 固定开会方式

无效工作

如前所述，特别是以讨论为主要内容的决议会议和头脑风暴都非常看重主持人的能力。

讨论过程中，主持人的控场水平不够的话，自己也会陷入讨论中，忘了继续开会，或者某些有权势的人导致讨论偏离了主题等，怎么都无法达成会议目标。

我出席过很多会议，有太多会议的主持人能力不足，导致讨论一盘散沙，未能达成目标，只好留到下次开会再处理。

我们必须承认，不是所有人都擅长主持。

如果只让有能力的人做主持人，那么此人不在，会议可就开不了了。

● 善用会议模板，人人都能做主持人

这种时候"会议模板"就要登场了。一句话总结，会议模板就是一种格式，既能做会议记录，又能推动会议进程。要在会前准备阶段就预备好。

用会议模板推进会议，不仅让主持人的任务更加简单，还能防止讨论出现遗漏。

这样做减轻了主持人的负担，而且会议模板对人的水平没有太高要求，也能省下许多员工培训的时间。另外，有了会议模板，便可以把主持任务交给年轻人，帮助他们尽快成长。

将会议模板投影到白板上，不仅是主持人，其他所有参加者都能够确认会议流程，因此讨论很少偏离主题，个别强势的人也难以左右局势。

提早分配好每个议题要用的时间，时间管理也会更轻松。

会议主持人的确很重要。但是对于稳定会议质量而言，探索不依靠主持人的开会方式是关键。

会议模板（例）

文件（F） 编辑（E） 格式（O） 查看（V） 帮助（H）

```
<会议概要>
■会议时间：（开始时按F5键）~（结束时按F5键）
■会议地点：（建筑名）（房间名）
■参加者：A·B·C·D（笔名）省略敬称
■主题：

<确认内容> ※★任务化、☆规则化、◎重要事项
·***
·***
-***◎★

<下一步行动> ※★☆重述
1.****（日期）（负责人姓名）
2.****（日期）（负责人姓名）

<相关信息>
（相关链接）
（相关路径）
```

25 会议讨论要有深度和广度

你有没有参加过讨论完全无法深入下去，话题也无法展开的单调会议？这类无聊的会议乍一看讨论得如火如荼，实际不过是水过地皮湿，根本产生不了意外发现和有趣的点子。

如果是确认进展的会议还好，毕竟只需要共享信息就够了；但是一旦到了计划制定会议、战略研究会议，讨论深度和话题广度就变得尤其重要。

● 会上善用电脑和手机

这里我推荐各位提前准备好电脑和手机，会议中出现了商品名、企业名等关键词，就当场搜索后分享给其他参会人员。

会议中讨论深入不下去，很大程度上源于许多人听到了自己不知道的专有名词，却左耳进右耳出，没有深入调查。

这种时候就要快速抓住关键字，用投影仪或电脑屏幕共享检索结果："是这个对吧？"这样发言者就可以回应你："没错，就是这个！"讨论因此更加活跃了。

我的公司也是要求在会议和洽谈中如果出现了重要的关键词，参加者应该当场检索，并分享给其他人。

带着手机和电脑参会能增加讨论的深度

上次在店里看到了……

是这个吧！

A公司新产品

例如商谈的时候，客户说："A公司好像推出了某新产品呢。"这时参会人员就要立刻搜索图片并共享搜索结果。

效果就是，客户说："对对对，就是这个！如果贵公司有这样的产品，希望我们能合作一下。"这样一来，一场普通的商谈常常发展为谈具体的生意。

如果是2~3人规模的小型会议，不带投影仪和电脑，用手机共享信息即可。

如果你希望会议能有更多成果和收获，就不要说"下次再查这个"，而是在那一刻，当场就深入、广泛地讨论，并养成习惯。

26 会议决定要付诸实施

漫长的会议终于结束，大家都松了一口气。

但是，这时候放松还太早。会议结束时什么价值都没有产生，之后的行动才是产生价值的开始。

听起来是废话，但是的确有人在会议结束后转眼就忘了决定好的事和要做的事，好像根本没开过会似的。

会议上决定好的事需要尽快付诸行动。

要做到这一点，可以在开会时写会议记录，开完会请参加者们确认记录，然后用邮件迅速发送给相关人员。

这样一来就省去了事后花好几天确认的工夫，也能轻松开展下一步行动。

● 会议结束后共享会议记录

具体做法是：跟随会议的进度，在连接投影仪的电脑上做会议记录。会议结束后，让参会者确认记录，在"决定事项"和"下一步行动"方面达成共识。在这过程中也同时进行了记录复盘。

达成共识后，当场将记录用邮件发给参加者和相关人员，从而让会议成果快速转化为行动。

用邮箱软件写会议记录

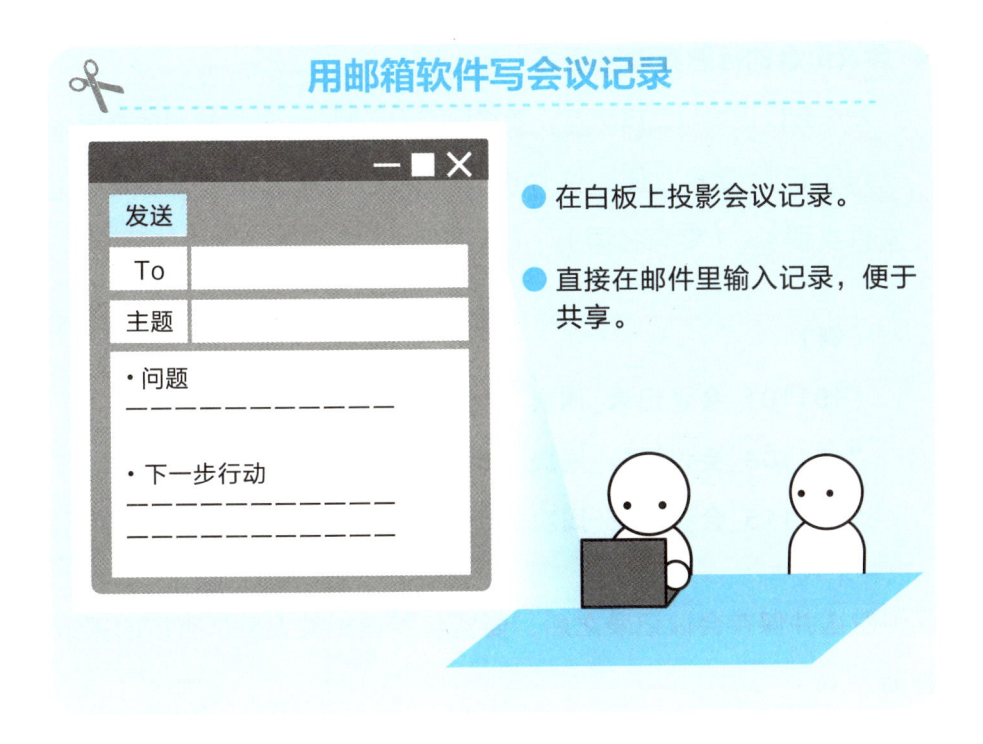

- 在白板上投影会议记录。
- 直接在邮件里输入记录，便于共享。

我平时为了发送方便，都是直接在邮件软件里写会议记录。 如果你不放心网络，可以输入到用于会议记录的备忘录模板里。

启动Word和PowerPoint是需要时间的，所以我从不用这些写会议记录。总之能快速记录、快速阅读才是最重要的。

使用白板开会时，可以用手机拍下照片，之后发给相关人员，这样就不用特地用电脑记录、抄写了。

也许会有人担心："这不是偷工减料嘛！"但如果当场对参加者说好，之后很少会出现错字漏字等大问题。

另外，用邮件发送会议记录时，要确认记录清楚谁最晚什么时候实施决定事项和下一步行动，然后再发过去。

● **会议记录的标题要遵照格式**

发送会议记录后，以防万一要将记录保存到公司的共享服务器里。

为了日后检索方便，文件名要按照格式来。如"（年份）_（文件类别）_（专有名词）_（版本号）"。

〈例〉

"191101_会议记录_周次.mtg"

"191108_会议记录_周次.mtg"

"191115_会议记录_周次.mtg"

发送并保存会议记录之后，要监督管理相关人员是否按时采取行动。

如果对方没有采取行动，就要写一封提醒邮件覆盖在会议记录上面，发给相关人员。

以上就是会议结束后的跟进流程。

实际上，会议上决定的事项没有付诸实施是很常见的事，因此才要书写、共享会议记录，留存证据，来减少这种行为。当然要注意的是不要做得太过，不然就会像抓犯人。

● **会议过程中写完资料**

对开展下一步行动而言，写好会议资料和会议记录一样不可或缺。但是，即便事先准备了资料，开完会后也要修改，相当费时间。

在这种时候，我建议各位写资料要和写会议记录一样，在开会过程中就完成。

在IT行业和外企中经常看到这样的场景：用投影仪把笔记本电脑里没写完的资料展示出来，然后大家一边继续讨论，一边对资料直接修改加工。

会议结尾，参加者们共同确认这份资料，再把它和会议记录一起用邮件共享给相关人员。

这样一来，就不用费工夫在会后修改资料了。有时候还能省去会前准备资料的麻烦。

不仅如此，会议讨论的内容在参加者眼前形成书面格式，这样能提高他们的参与感，加深他们对会议的理解，还方便开展下一步行动，好处多多。

只有2～3人参加的小会议不需要投影仪，看着外接显示器或笔记本电脑屏幕也能写好资料。

与此相反，参加人数较多的大型会议要准备不止一台投影仪，讨论的时候一台投影仪显示会议记录，另一台则显示会议资料和浏览器。这样在视觉上信息密度更高。

再说一遍，会议的意义和价值产生于会后采取行动。

请记住，散会不代表结束，会后的信息管理和流程跟进也是会议的一部分。

反过来说，只要做好了会后流程跟进，就能大幅提升会议价值。请各位务必认识到这一点。

第三章小结

1. 墨守成规的会议
→了解会议的意义和成本，才能减少无效会议。

2. 参加者的职位高低决定会议结论
→增加主持人的话语权，启发出各种各样的意见。

3. 会议目的和目标不明确
→设置会议目的和目标，并共享给全体参会人员。

4. 会议中的责任分配不明确
→理解四个角色：主办者、主持人、记录员、参加者。

5. 开会方式不符合会议目的
→理解会议种类：决议会议、头脑风暴、说明会、报告会。

6. 令人焦头烂额的会前准备
→放弃老办法，全部电子化。

7. 开会方式随着人变来变去
→善用会议模板，实现标准化会议。

8. 会议讨论缺乏深度和广度
→善用电脑和手机，给全体参会人员共享关键词。

9. 会议决定不付诸实施
→会议记录里写清楚"决定事项"和"下一步行动"，散会后马上共享。

第四章

麻烦的工作不见了

（日常事务篇）

27 提高信封和发票的书写效率

一开始，我在一家日企通信公司工作，平时要一次性写好几张线路申请书。那时的我对这种无意义的工作深感绝望。

明明有电脑，为什么要反复书写同一个公司名和地址啊……忍不住找上司说了自己的想法，上司的回答却令人费解："因为文件很重要。"

正因为是重要的文件，所以为了避免错误和重复，才应该用电脑输入吧？

前不久，我以为这个时代肯定已经没有需要手写文件的公司了，但是去了好多家公司才发现，竟然还有！真是让我大跌眼镜。

这种手写文化不仅浪费时间，还会妨碍无纸化办公和信息共享的推进，最后创造出一个发现不了错误和重复的环境。

手写文化已经没必要存在了。在办公室里转一圈看看，该淘汰的东西必须要彻底摒除。

然而在这之中，最没用的就是业务方面的填写发票和信封上的收件人信息。

要想不再反复手写报价单、订货单等业务方面的发票和信封上的相同内容，下面我来介绍三个方法：

① **使用刻有重要信息的印章**

办法很古老，但也最轻松。网上定做一个便宜的印章，上面刻好公司名、地址、电话等信息，在红印泥上按一下就能马上印到信封上。

不过也要有盖章这个动作，还是不如数字化效率高。

② **使用Excel表格形式的发票**

为减少手写，积极主动地使用"复制粘贴"吧！虽然说起来只有四个字，但意外的是，很多人不知道"复制粘贴"的好处。

为了避免无用的输入，还可以在Excel表格里使用"输入规则"功能提前录入选项。

此外还有一些办法。比如用Vlookup函数可以获取别的工作表中的数据，后面我会提到。

使用这些技巧，一些小的手写工作大致都能用数字化来解决。

最近，社会保障关系等官方文件在网上公开时也常常采用Excel格式。所以不要一心想着什么都"必须手写"，而是时刻保持"先找找模板"的意识。

③ 使用业务软件

导入业务软件是要花费成本的，但如果要处理的发票实在太多，业务软件便能够缩短处理时间。从这个角度想想，这笔钱花得还是很有投资效果的。

销售管理软件、客户管理软件之类的业务软件一般都带有"主数据"，这是电脑上一种类似名单的东西。

从"主数据"中获取公司名、地址等数据，就不用反复写同一个名字了。

主数据还可以帮助我们重复利用交易历史，更加减轻了手写的负担。

过去大家基本用软件包安装或者下载软件，但现在越来越多的人打开浏览器，用云服务的形式就能使用主数据，不需要特地下载。

使用上面我介绍的几个办法，可以将过去被手写工作填满的时间用在更具价值的工作上。

除了方法③，其他方法都是能马上开始使用的，快来试试看吧！

28 将纸质信息快速数字化

纸质资料放在面前，把上面的内容一个字一个字地敲到电脑里……

在当今这个时代，有人可能会觉得不可思议。但在商务场合，这种事情的的确确还存在。

这是因为，无论自己多么努力地推动数字化办公，只要客户发来的是纸质资料，就必须先搞定它再推进工作。

不过，往电脑里敲重要信息还算是好的。最可怕的是，因为输入太麻烦了，就直接保存纸质资料，最后把信息束之高阁。

纸只是承载信息的媒介，如果不能好好利用、共享上面的信息，纸本身是不会产生任何价值的。

要想方便地利用并共享信息，就离不开数字化。

下面我将介绍三个办法，帮助各位将纸质信息轻松数字化。

① **一开始就请对方发送电子文件**

当然，如果之后要把纸上的信息数字化，其实对方直接发送数据是最有效的。

因此一种方法是，在对方印纸质资料之前就告诉对方，直接发送电子文件也没关系。

运气好的话对方可能会说："那我用邮件发给你可以吗？"

如果已经打印好了，就在不影响对方情绪的基础上，委婉地拜托："我们这边想要存档备份，请问可以请您发一份电子版吗？"

听起来像是废话，但正是因为许多人不愿意费这一点工夫，所以纸质信息一点不见少。

接收资料的时候，习惯性地再要一份电子版吧！

② **用手机拍照直接保存**

如果不需要把纸上的信息转换成电子文本，也可以用手机拍照直接保存。

对清晰度要求很高、需要扫描的文件其实没有很多。

只要内容没问题，照片稍微暗一些、有点斜也没关系。

纸质资料的数字化

❶ 一开始就请对方发送电子文件。

可以发给我PDF吗？

好的，这就用邮件发过去。

❷ 用手机拍照直接保存。

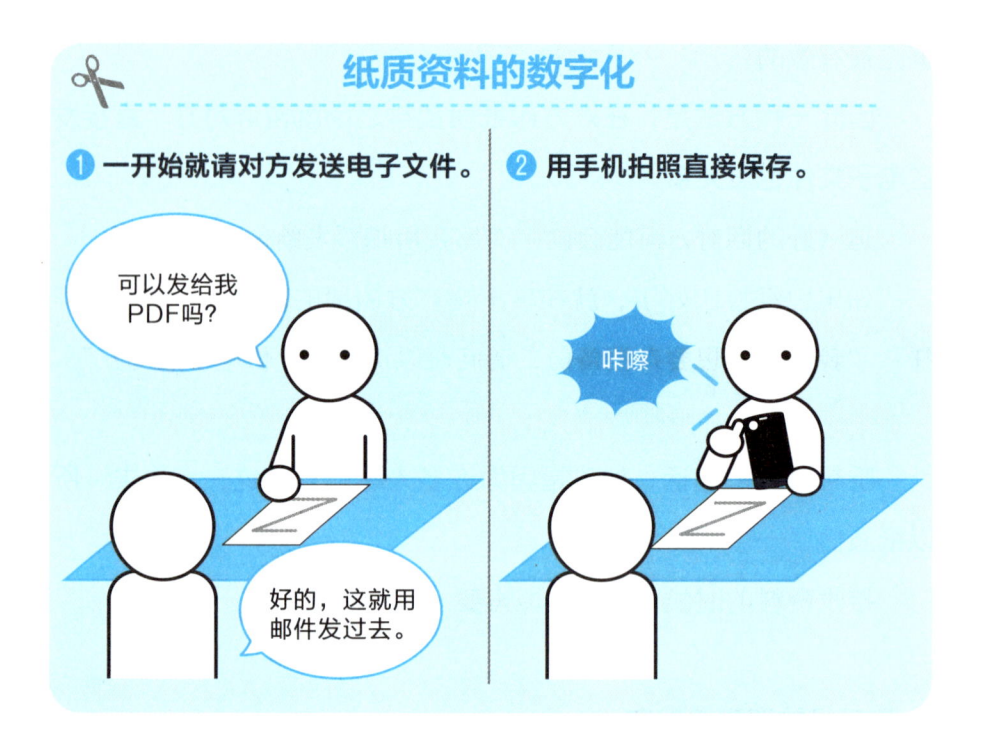

咔嚓

③ 扫描文件，再用OCR

也有一些纸质信息需要转为文本来保存。

这种时候可以先扫描，再用OCR。

OCR是能够读取手写文字和印刷文字，然后对照数据识别出文字，再将其转变为电子文本的装置或功能。

我公司配备了多功能一体机，平时会用它的扫描功能做这类工作。

有的职场里没有多功能一体机，也可以使用其他类似产品或有OCR功能的手机应用软件。

"手写资料没办法数字化。"不要这样想，别放弃，要努力实现数字化。

④ **不是所有的纸质资料都要数字化**

上面我介绍了纸质资料数字化的技巧，但有一点，希望大家注意：

那就是，如果什么都数字化，就会增加多余的无效工作。

我们总是想保存一些不需要的东西。

虽然数据没有实体，但堆积太多也会变得难以搜索，数字化保存一些不需要的东西本身就是无效工作。

因此我们首先要做的就是，辨明眼前的信息对自己和公司而言是否真的有必要。

丢掉再也不用的信息，这样的意识非常重要。

29 使用电脑快速核对数据

即使从事喜欢的工作，工作过程中也要做一些怎么也喜欢不起来的事情。

比如反复做同一件事，被迫使用低效又原始的做法等。过去让我感到最无意义的是用眼睛核查纸质资料和电脑中的数据。

比如用眼睛查找资料里的关键词或是核对两份数据。

用眼睛来确认不仅效率低，还会出错。对我而言是一种极有压力的工作，好像是在泳池里找丢失的隐形眼镜。

随着职场普及笔记本电脑，以及我个人信息技术素养的提高，问题慢慢得到了解决。

下面我将介绍我在过去的变迁中学到的三个方法，这些方法对于减少"眼睛核查"工作非常有效。当然，需要确认的信息必须是电子的，可在电脑上阅读。

① **使用查找功能（MS Office、备忘录、浏览器可通用）**

我见过有人在Office系列软件或浏览器中一页一页地滚动着鼠标，试图用双眼寻找特定的信息。

无论怎么看，这种办法都很容易遗漏信息。为了避免遗漏，即便要找的信息不多，平时也要有意识地使用"查找功能"。

做法也很简单。

同时按下"Ctrl"和"F"键，打开查找页面，输入想查找的关键词，按下"Enter"键就可以了。

电脑会自动跳到信息所在的页面，将信息标出。这个功能可以在Office系列软件、备忘录软件、浏览器之间通用，非常方便。

② **使用替换功能（MS Office、备忘录可通用）**

接下来是简单又好用的"替换功能"。浏览器里没法使用，但可以在Office系列软件和备忘录软件中发挥作用。

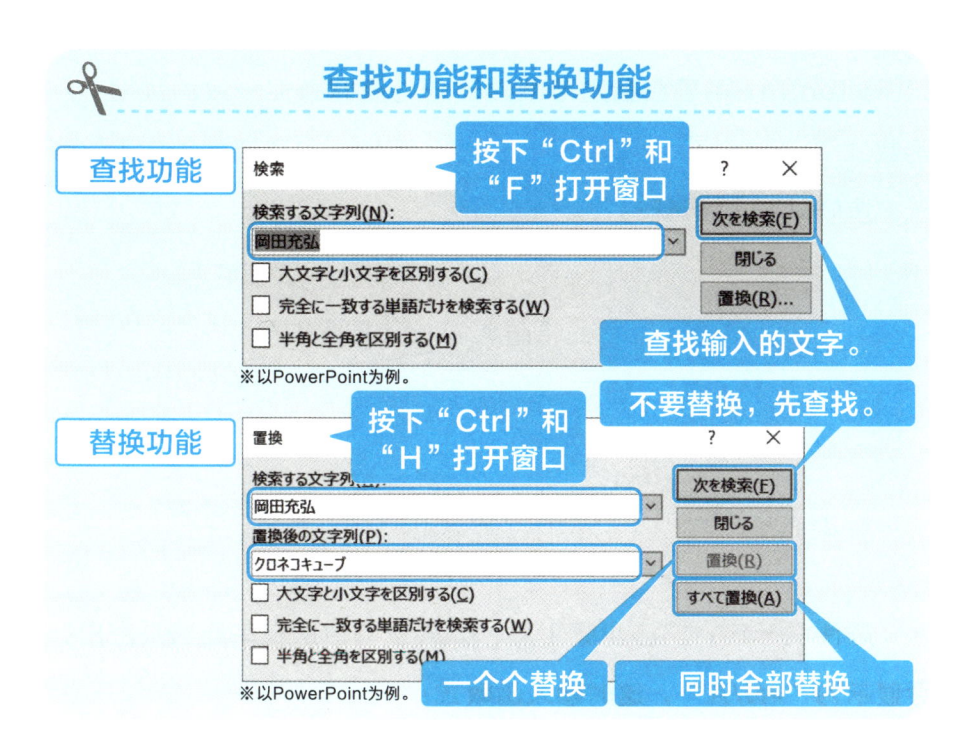

查找功能和替换功能

查找功能
- 按下"Ctrl"和"F"打开窗口
- 查找输入的文字。

替换功能
- 按下"Ctrl"和"H"打开窗口
- 不要替换，先查找。
- 一个个替换
- 同时全部替换

※以PowerPoint为例。

按下快捷键"Ctrl"和"H",打开功能页面,输入要查找的文字和替换的文字,再按下"Enter"键,就可以将查找到的文字替换成想要的内容。

用眼睛一个个地找再修改要花费大量时间,但如果使用替换功能,就能瞬间完成查找替换工作。

③ 使用Vlookup函数（Excel表格）

工作时,我们会想要查阅两组数据之间的重复或筛选符合条件的信息。

这时可以使用"Vlookup"函数,在确定的范围内筛选符合查阅条件的数据,非常方便。

Vlookup用于在指定范围内筛选与查阅条件一致的数据,用函数式"=vlookup（查阅值,区域,列号,'查阅类型'）"表示,按照以下步骤运行:

① 在查阅对象所在单元格附近输入以下函数式

"=vlookup（查阅值,区域,列号,'查阅类型'）"

② 有必要的话复制到别的单元格（区域要写为绝对值）

顺便说一句,实施步骤①后,如果查阅值所在单元格是空白,会显示为"#N/A"。这时输入函数式:

IF（查阅值=""，""，vlookup（查阅值，区域，列号，'查阅类型'）

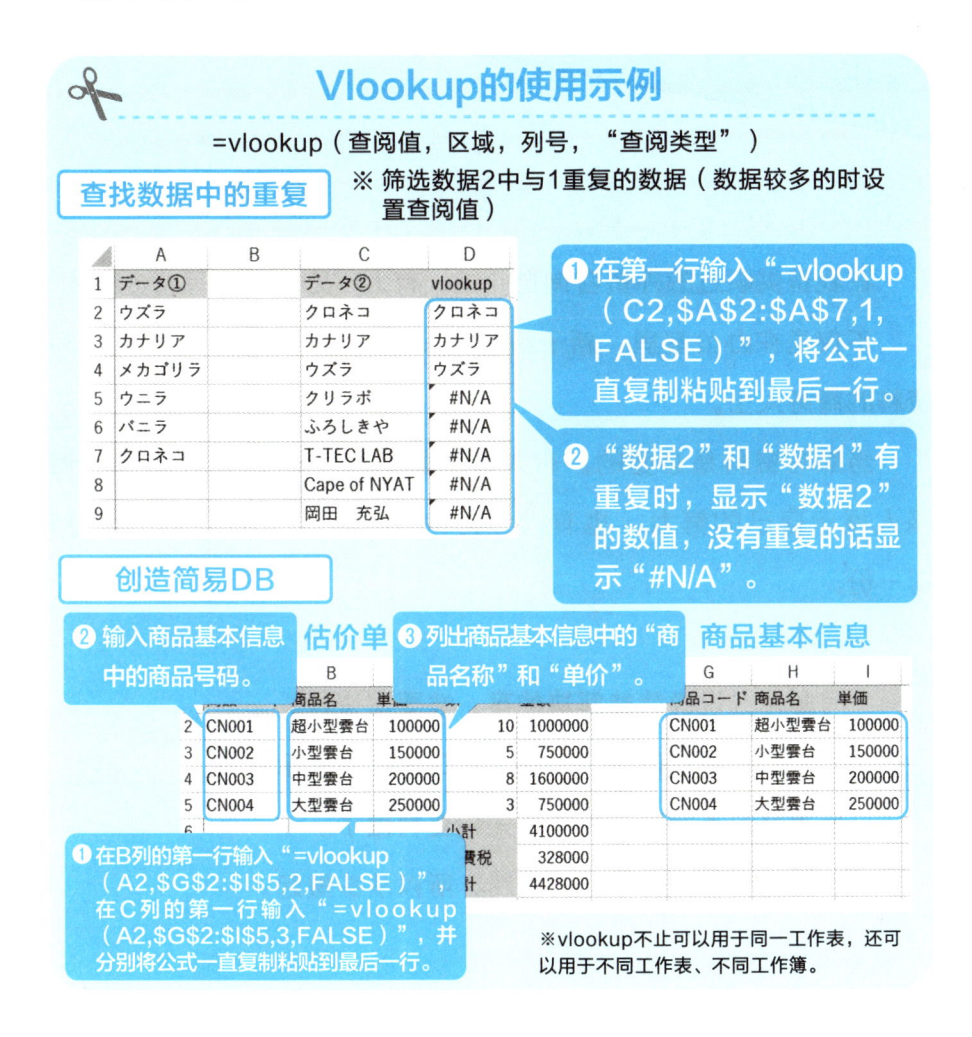

Vlookup的使用示例

=vlookup（查阅值，区域，列号，"查阅类型"）

查找数据中的重复 ※筛选数据2中与1重复的数据（数据较多的时设置查阅值）

	A	B	C	D
1	データ①		データ②	vlookup
2	ウズラ		クロネコ	クロネコ
3	カナリア		カナリア	カナリア
4	メカゴリラ		ウズラ	ウズラ
5	ウニラ		クリラボ	#N/A
6	バニラ		ふろしきや	#N/A
7	クロネコ		T-TEC LAB	#N/A
8			Cape of NYAT	#N/A
9			岡田　充弘	#N/A

❶ 在第一行输入"=vlookup（C2,$A$2:$A$7,1,FALSE）"，将公式一直复制粘贴到最后一行。

❷ "数据2"和"数据1"有重复时，显示"数据2"的数值，没有重复的话显示"#N/A"。

创造简易DB

❷ 输入商品基本信息中的商品号码。　估价单　❸ 列出商品基本信息中的"商品名称"和"单价"。　商品基本信息

	A	B	C			G	H	I
		商品名	单价			商品コード	商品名	单价
2	CN001	超小型雲台	100000	10	1000000	CN001	超小型雲台	100000
3	CN002	小型雲台	150000	5	750000	CN002	小型雲台	150000
4	CN003	中型雲台	200000	8	1600000	CN003	中型雲台	200000
5	CN004	大型雲台	250000	3	750000	CN004	大型雲台	250000
				小計	4100000			
				消費税	328000			
				計	4428000			

❶ 在B列的第一行输入"=vlookup（A2,$G$2:$I$5,2,FALSE）"，在C列的第一行输入"=vlookup（A2,$G$2:$I$5,3,FALSE）"，并分别将公式一直复制粘贴到最后一行。

※vlookup不止可以用于同一工作表，还可以用于不同工作表、不同工作簿。

这样一来，单元格就能保持空白状态。

例如查阅两份名单数据有没有重复时，可以在商品总账中输入商品码，从事先准备好的总账中搜索出单价和商品名，并表示出来。

我常常用这个功能来查阅两份名单中有没有重复的邮箱地址。

97

无效工作

30 使用模板快速书写资料

在我曾供职过的外资咨询企业里,有人不分昼夜地写着资料。

不仅是在办公室里,新干线的候车区里也常常见到全神贯注写资料的商务人士。

当然写资料是必要的。有人喜欢做这类工作,有人想要向周围人展示自己的努力,也有人觉得找以前的资料太麻烦,索性新写一份。

- 写邮件或说说就能解决的事,非要写资料。
- 为了公司内的说明会,花大量工夫准备展示资料。
- 使用目的不明晰,但总之先把资料做了。
- 没发现公司里有相似的资料,所以从头做起。

如果你有过类似的经历,现在就应该马上改变自己的认知。

● **写资料本身没有价值!**

其实就算花了时间,也不一定能写好资料。

空写资料和工作的价值无关。只有写下的内容有助于解决现实问题或付诸实践，才会产生价值。

许多人为了让资料更美观，花费大量时间装潢和排版。

然而实际上，重要的内容和资料依据却常常没有说服力。

本来，写资料前应该思考：解决这个问题需要写资料吗？

在此基础上继续思考：如果需要写资料，有必要从头开始写吗？不能直接挪用已有的资料吗？

如果想要把时间用在附加价值更高的工作上，就必须完善制度和规章，尽可能缩短写资料的时间。

● **巧用模板，尽量不要从头开始写资料**

具体做法是，平时注意整理电脑桌面和内部文件，便于重新利用过去的资料。同时还要准备好模板。

只采用这两种办法也能大幅减少重新写资料的次数。

另外，有一些办法看似普通但相当有效。例如定好基准线，口头或邮件就能解决的问题不需要写资料，或是提高员工的信息技术素养，以便他们能找到已有的资料或模板。

31 掌握截屏技巧

写资料的时候，常常需要把网页画面或截图粘贴在文件里。

有很多人不太清楚方法，每次都要在网上搜索该怎么做。

为了今后省去这类无效工作，下面我将根据不同用途，介绍四个截图方法：

① 截取整个屏幕（PrtSc）

对着屏幕按下"PrtSc"键，就能截取整个屏幕。之后可以把图片粘贴到PowerPoint或word之类的Office软件里。

如果想保存为文件，就点击鼠标右键，在屏幕上选择"保存为图像"，再按下"保存"按钮。

不仅仅是写资料，电脑出现故障时也可以用这种方法，让对方了解状况，非常有用。

② 截取最前面的窗口（Alt+PrtSc）

如果你打开了多个窗口，只需按下"Alt"键和"PrtSc"键，就能截取最前面的窗口。

背景和其他应用程序不会显示在图片里，可以在制作有电脑画

写资料时可以用的截图技巧①②

❶ 截图整个画面

按下"Prt Sc"截图整个画面。

❷ 只截图最前面的窗口

按下"Alt"和"Prt Sc"截图最前面的窗口。

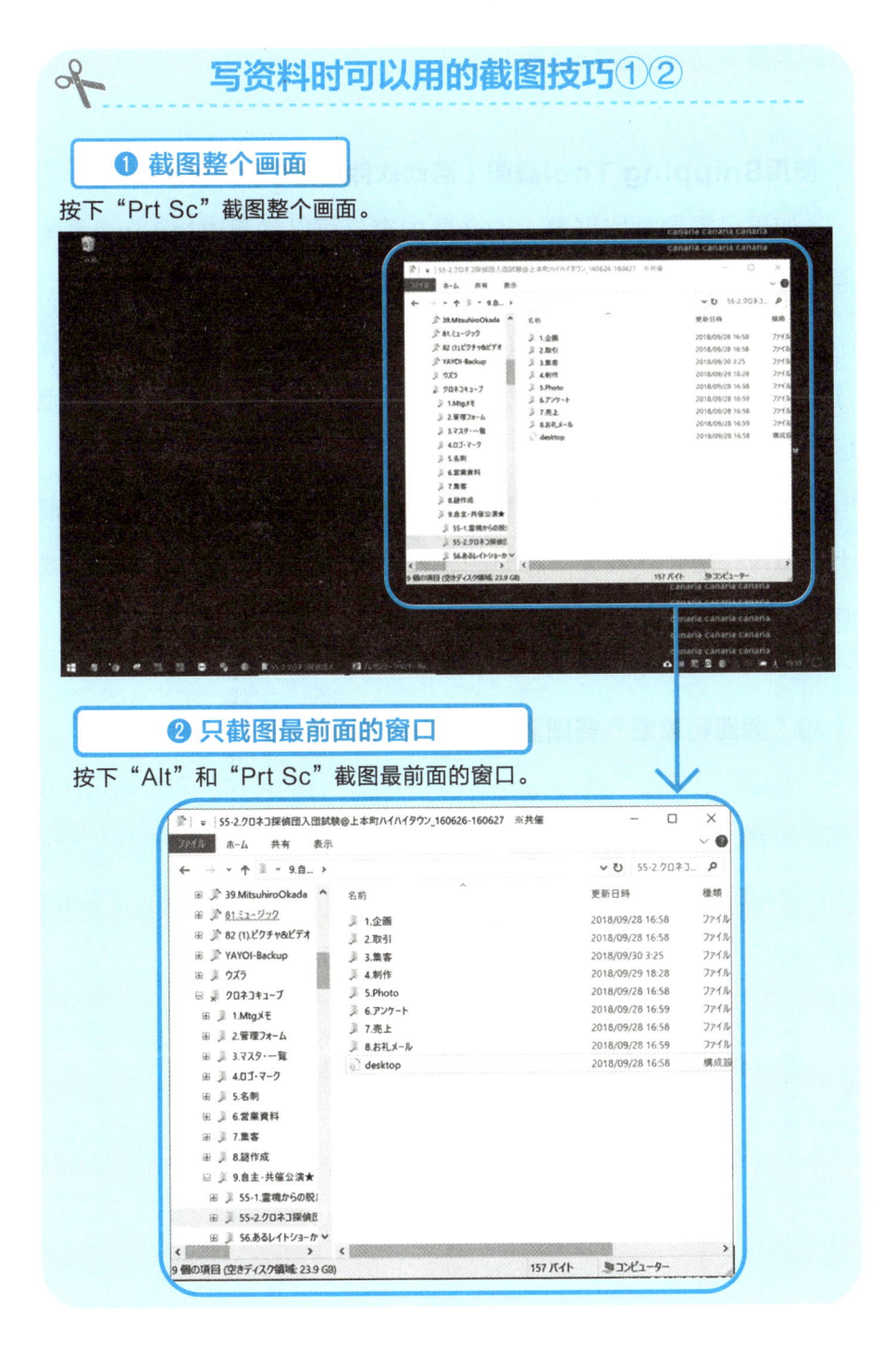

面的手册或文件时使用这种方法。

③ 使用Snipping Tool截图（启动软件后按Ctrl+N）

如果只需要截取屏幕上的必要内容，可以使用Windows系统原生的截图软件"Snipping Tool"。

按照"开始→附件→Snipping Tool"这个路径打开应用程序，按下"新建"按钮，画面就会变成雾蒙蒙的状态，拖动目标范围截图。

这样做的截图效果比用PrtSc键截的图片画质低，文件也很小。因为只是简单截取了必要的部分，所以想要和别人共享屏幕或制作一些资料时，这种做法非常方便。

④ 用"截图和草图"截图复制（Win+Shift+S）

"截图和草图"是Windows10开始才有的程序，和Snipping Tool一样，能够截取屏幕的一部分。

但和Snipping Tool不同，只需同时按下"Win"键、"Shift"键和"S"键就能选择截图范围，不需要启动程序。

请掌握上面介绍的截图方法，缩短写资料的时间。

写资料时可以用的截图技巧③④

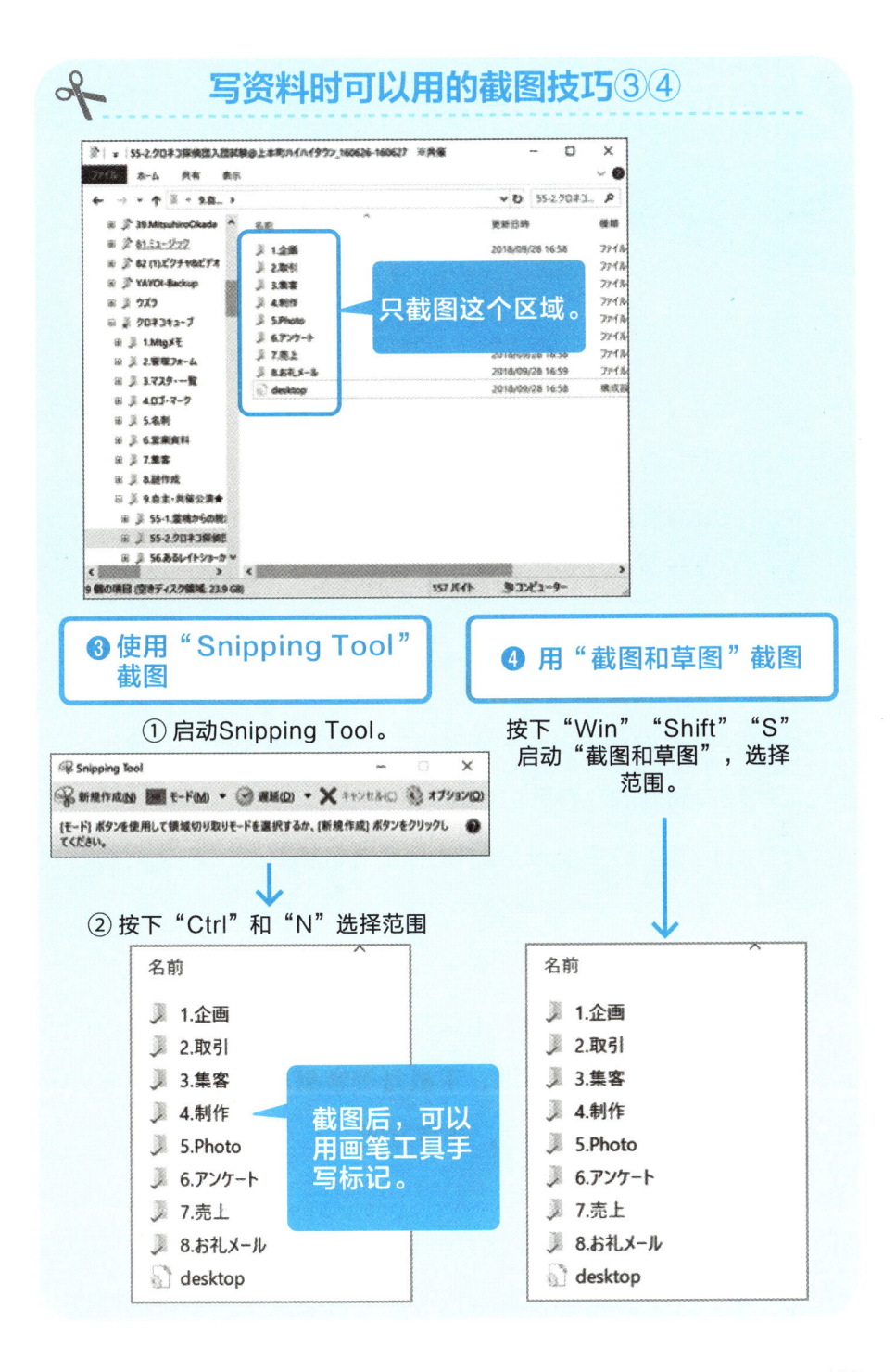

只截图这个区域。

❸ 使用"Snipping Tool"截图

① 启动Snipping Tool。

② 按下"Ctrl"和"N"选择范围

截图后，可以用画笔工具手写标记。

❹ 用"截图和草图"截图

按下"Win""Shift""S"启动"截图和草图"，选择范围。

第四章 麻烦的工作不见了（日常事务篇）

无效工作 32

在电脑中预存常用的词句和地址

迄今为止，你输入过多少次"承蒙关照"？还有"请多关照""请查收"等，我们总是无意识地反复使用同样的话语。

你不觉得减少这类重复性的工作可以节省大量时间吗？

实际上很简单。使用词库工具就可以了。

● **在词库里收录频繁使用的语句**

你可以使用Windows系统自带的"微软输入法"。我安装的是词汇联想很精确的"谷歌日语输入法"。

在这些词库工具中收录平时常用的语句和单词，之后只需要输入两三个字就能转换成任意语句或单词。效率很高，还可以减少错字。

此外，实际使用的时候，不仅是单词，稍微长一些的句子也可以。收录几个邮箱地址、网址、手机号等容易忘记的信息，需要的时候词库工具能帮我们想起来，非常方便。

收录方法也很简单。

如果你用的是微软输入法，那就选择单词后按"Ctrl"键和"F10"键。如果你用的是谷歌日语输入法，从属性中设置键盘，使用快捷键打开单词收录工具，在"读法"一栏中输入要输入的文字，在"单词"一栏中输入转换后的文字，这样就收录完了。

顺便说一下，除了常用的固定句型和单词，我还收录了自己的姓名、手机号、邮箱地址、住址、公司网址等三百多个词条。

各位也可以看看自己的邮件和文件里有哪些高频用语，将它们依次收录到词库工具里。

不过，如果收录的语句太多，自己也很难记清楚，所以要注意定期维护词库工具，收录的词条应保持适当的数目。

● **邮政编码直接转换成住址**

各位收到别人的名片时会怎么做？

有人直接放着不管，也有人会把名片收在桌上的名片盒里，或是用管理软件整理好。

我希望能好好利用这些名片，所以用Excel制作了表格，将所有名片上的信息都存到里面。但是把一张张名片里的信息都输入进电脑还是太麻烦了。

其中输入住址信息相当费时间。

因此我想向各位介绍日语输入法里的"住址转换功能"。我平时非常爱用。

输入邮政编码，按下"转换"按键，号码就会自动转换成它所表示的住址。

例如输入"101-0064"，就会转换成"东京都千代田区神田猿乐区"。

这个功能实在是太方便了。除了输入名片，注册申请网站时也可以使用。

只不过，如果你用的是微软输入法，要提前设置才可以使用这个功能。

开始→"系统设置"中的"语言"→在微软输入法设置中选择日语→设置按钮→词库和自学习→系统词库→在"邮政编码信息"中选择→添加→应用

这样一来，邮政编码就能转换成住址了。

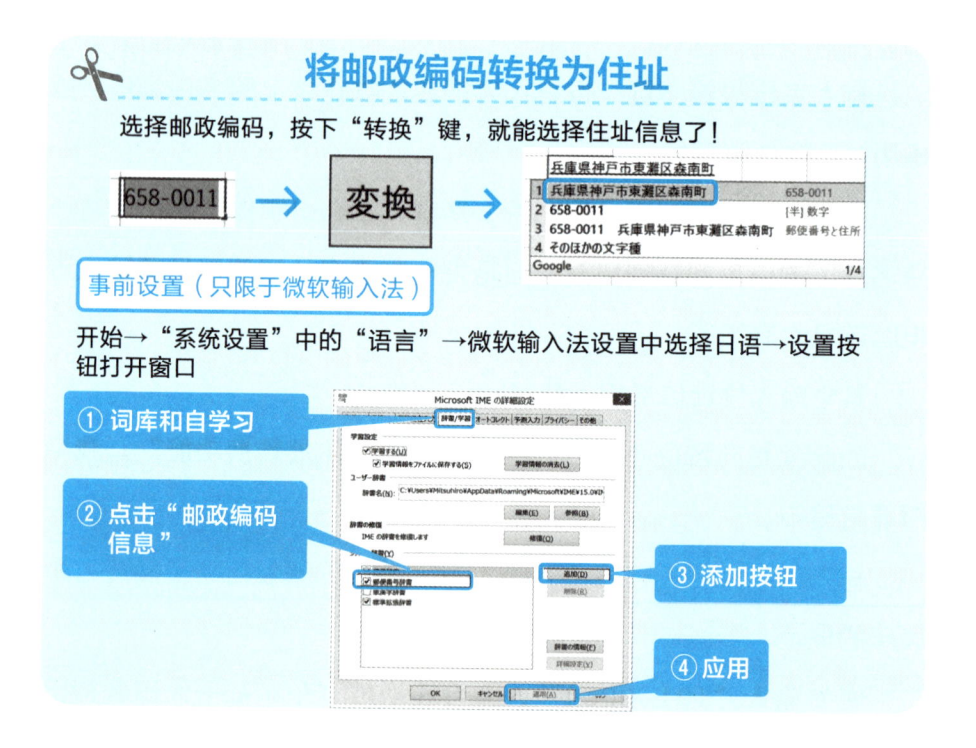

将邮政编码转换为住址

选择邮政编码，按下"转换"键，就能选择住址信息了！

658-0011 → 变换 → 兵库县神户市东滩区森南町

事前设置（只限于微软输入法）

开始→"系统设置"中的"语言"→微软输入法设置中选择日语→设置按钮打开窗口

① 词库和自学习
② 点击"邮政编码信息"
③ 添加按钮
④ 应用

● **住址转换为邮政编码**

工作时会遇到这样的困境：明明知道住址，却不知道邮政编码。许多名片和网站上是不写邮政编码的。

这时大概有许多人会在网上搜索，比如"兵库县神户市东滩区森南町邮政编码"。

但是只要使用日语输入法，就会更简单地获知邮政编码。

做法也很简单。输入住址信息，但不要写门牌号，如"兵库县神户市东滩区森南町"，然后按下"转换"键就行了。

转换选项中会显示邮政编码。

各位觉得如何？是不是简单得惊人？

除了名片，申请书、合同、新年贺卡等各种各样的文书都需要输入邮政编码和住址信息，因此请好好使用转换功能吧。

107

33 将名单和名片数字化

对商务工作而言，个人信息是极为重要的信息之一，其中最重要的莫过于名单和名片。

与客户公司、学校、各种团体等打交道时，常常会得到名单和名片。

各位能否好好保管这些信息以便有效利用呢？如果搞错了方法，就会使信息"变宝为废"。

特别是各个组织给的名单，有纸质的，也有电子版的，我们常常保管得乱七八糟。在各种名单上找符合条件的人简直难于登天。

不方便导致无法使用，信息就这么浪费了。

如果各位想从人际关系中受益更大，那么就要将名单整合成一个，而且要电子版。

● 用Excel表格统一管理个人信息

想要电子化统一管理名单，首先，扫描纸质名单，然后用前文所说的OCR（文字识别）功能将信息文本化。

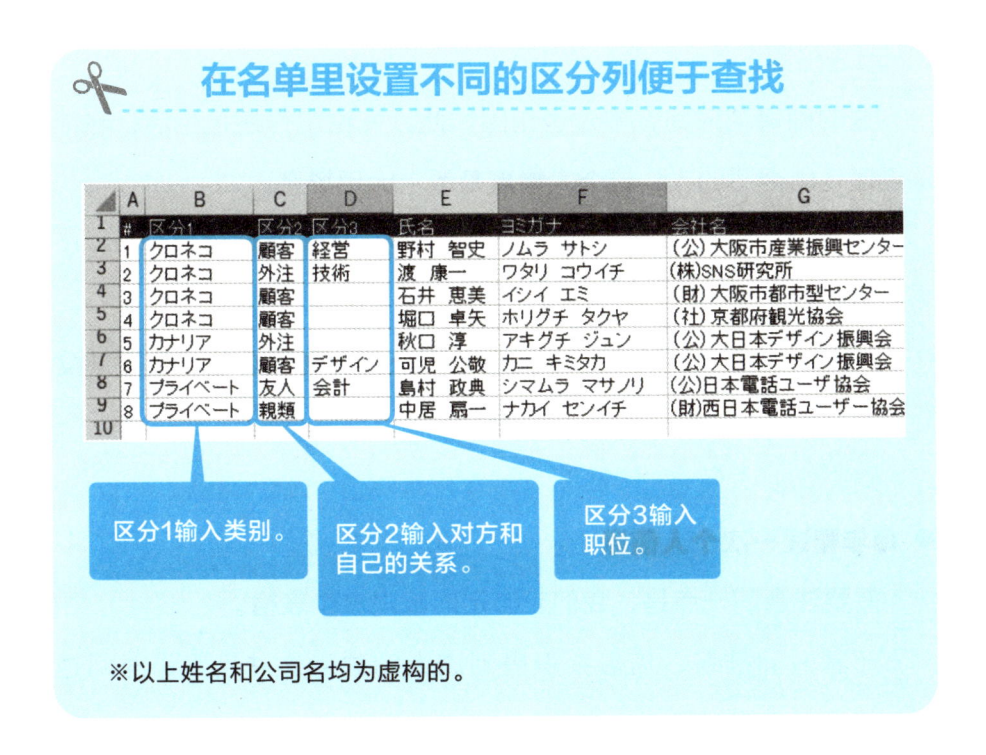

在名单里设置不同的区分列便于查找

	A	B	C	D	E	F	G
1	#	区分1	区分2	区分3	氏名	ヨミガナ	会社名
2	1	クロネコ	顧客	経営	野村 智史	ノムラ サトシ	(公)大阪府産業振興センター
3	2	クロネコ	外注	技術	渡 康一	ワタリ コウイチ	(株)SNS研究所
4	3	クロネコ	顧客		石井 恵美	イシイ エミ	(財)大阪市都市型センター
5	4	クロネコ	顧客		堀口 卓矢	ホリグチ タクヤ	(社)京都府観光協会
6	5	カナリア	外注		秋口 淳	アキグチ ジュン	(公)大日本デザイン振興会
7	6	カナリア	顧客	デザイン	可児 公敬	カニ キミタカ	(公)大日本デザイン振興会
8	7	プライベート	友人	会計	島村 政典	シマムラ マサノリ	(公)日本電話ユーザ協会
9	8	プライベート	親類		中居 扇一	ナカイ ゼンイチ	(財)西日本電話ユーザー協会
10							

区分1输入类别。

区分2输入对方和自己的关系。

区分3输入职位。

※以上姓名和公司名均为虚构的。

在此基础上，将文字整合在用Excel做的表格里。

用Excel制作表格时，如上图，左边应该设置几个不同的列，方便以后对信息分类、按条件筛选。

此外，除了住址、邮箱地址等基本信息，新认识的人的特征和见面的日期要记在备注栏。

还有，在网址栏不仅要记录对方工作单位的网址，还要记录对方的社交网站地址，这对于了解他的近况很有帮助。

我曾经下定决心，要把从小学到现在的所有名单和名片整理到

Excel表格里。

这的确很花时间，不过也正因如此，无论工作还是生活，我能够迅速列出合适的人。这个表格真是派上大用场了。

当然，不仅是名单，新收到的名片也认认真真地整理到Excel表格当中吧。

整理的时候，请使用邮政编码和住址相互转换功能，我在前文介绍过。

● 每年整理一次个人信息

需要注意的一点是，我们应该定期整理这个表格。

随着时间推移，信息会积攒到庞大的数目。并且工作时间越久，信息积攒得越多。

只是，信息增加过多，就会出现"脸和名字对不上"的情况。这样一来要花大量时间搜索，也很难建立深厚的人际关系。

我们无法和遇见的所有人保持关系。

只有在人群中找到对自己真正重要的人，并和他建立深厚的关系，才能形成良性循环。

而真正重要的人并不多。

换句话说，我们不需要勉强自己和价值观明显不同、没有缘分的人打交道。

因此我们可以一年盘点一次"人际关系存货"。

具体做法是，在Excel名单中筛出以后不想建立关系的人，把写有他的信息的一整行改成灰色或者删除。

通过反复整理名单，信息的质量会逐渐提高，也为我们带来了各种机遇。

34 共享工作进度和任务

无效工作

过去，我公司的进度管理很糟糕，信息共享的做法也不正确。因此无法在期限内交货，以至于订货商取消了订单。还不止一次。

当然，工作相关人员也非常疲惫。

在这种情况下，比起工作内容本身，工作推进和管理的方法才是决定成败的关键。

而且这类麻烦的特点是即使解决了一次，几个月后也会重复出现。

想要减少这样的无效工作，就要正确掌握自己所处的情况，运用机制以便快速采取措施。

如果你的职场没有类似的机制，那就自己创造一个。

"创造机制"乍一听很难，但其实并非如此。只要思考如何管理好每天的进度和任务就可以了，这些都是工作的基础。

● 用一目了然的工具统一管理进度和任务

下面我会介绍用Excel表格简单地做管理工具的方法。

职场不同，进度、任务等管理对象也多种多样。如果分得太细，更新速度会跟不上，所以最好尽量简单地管理必要信息。

实际上，管理项目的进度和任务时，只要包含了以下类目，绝大多数情况下就够用了：

① **#**：各个项目的管理号码。用来和其他人沟通。

② **分类**：用来添加过滤条件，按条件筛选项目。

③ **顾客名**：用于包含多个项目在内的主要项目。

④ **项目名**：表示项目管理的最小单位。

⑤ **状态分类**：任务进度分成"Open（开始）""On-Going（进行中）"和"Close（结束）"三种，用一个词表示状况。

⑥ **状态内容**：按照时间顺序记录经过和现状。

⑦ **最近日期**：记录最近有变动的日期。

⑧ **负责人**：记录各个项目的负责人。

⑨ **期限**：记录各个项目的期限。

⑩ **网址/路径**：记录相关网址和公司内部服务器的路径名。

⑪ **备注**：写下特殊事项和记录。

此外，如果增加"报价金额"类目，这份管理表不仅可以用于项目管理，也可以用于销售管理。

在我们公司，这种管理方式被称为"工作一览表"，处于项目管理和营业管理之间。

工作一览表及其使用方法（例）

工作一览表示例

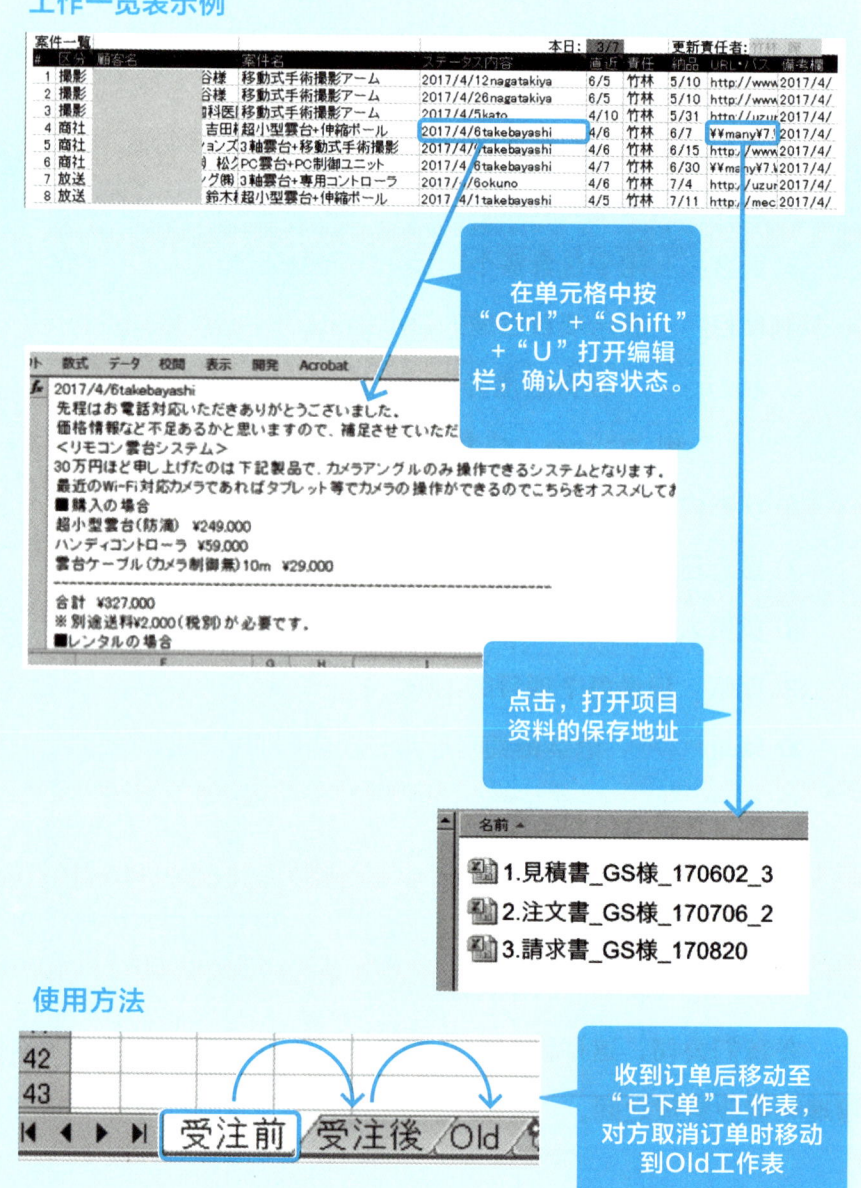

在单元格中按"Ctrl"+"Shift"+"U"打开编辑栏，确认内容状态。

点击，打开项目资料的保存地址

使用方法

收到订单后移动至"已下单"工作表，对方取消订单时移动到Old工作表

只要类目没有遗漏，即便不引入昂贵的信息管理系统，用Excel一览表也能管理大部分工作。

听到"项目管理"四个字，大概有人会想起所谓的"甘特图"之类复杂的工程表格。除了大规模、长期性的项目，我不建议大家用这种复杂的表格。

一旦表格复杂，更新就会变得麻烦，很可能难以跟上进度。

我上面介绍的管理一览表有许多便利的用法。可以根据你的想法增加管理类目的数量，或是整理使用方法等。

请在日常生活中利用起来吧。

35 共享知识和经验

无效工作

平时我们在工作中都有机会学到新知识和新经验。

我把这些统称为知识。

然而实际上，我们很少记录这些知识、形成文件，在公司内部共享。

职场的现状就是，几乎所有的知识都紧握在每个个体手中。

"咦，是这么回事吗！？早知道我就不用这么费劲地写资料了……"

"原来还有这么好的办法啊！我竟然都不知道……"

如果你在职场中听到过类似的话，就说明在这个职场里并没有共享知识。

也就是说，知识和经验成为个人的专属。

某人好不容易发现了知识，却没有成为团队和组织的共同财产，这是莫大的浪费。

● **整个组织共享知识**

实际上这就是为什么公司里的职员经常犯同样的错误。

只要你不是独自打拼的自由职业者,那么工作就不是一个人的事。

别人的好坏都或多或少和自己有关系。

有了"整个组织共享知识"的意识,总有一天好处会降临到自己身上。

比如给新员工的教材、提案活动的成功案例、带有专业知识的说明资料等知识共享都是典型例子。

过去前辈们为我们留下了知识,现在的你才能蒙受如此恩惠。

不过,并不是所有知识都要共享。

共享太多低价值的知识反而会引发职场混乱。

那么,我们到底应该积极地共享哪些知识呢?

我具体总结为以下三点:

可共享的三种知识

❶ 利用价值高的知识和经验

- 技术水平要求高的专业知识和研究数据等；
- 可以节省资金和时间的技巧等；
- 有利于人员和组织成长的教育知识等。

❷ 能重复获取、重复利用的知识和经验

- 可以使用现代技术开发的产品和建筑物的设计图等；
- 可以利用手头的材料制作的料理和菜单的工序手册等；
- 可以利用现有人才完成的项目策划书等。

❸ 要花时间和成本才能再度获取的知识和经验

- 已经绝版的书籍和无法再次获取的资料等；
- 价格高昂的专业书籍、教材、分析数据等；
- 只有参加者才能获取的展会资料或研修资料等。

● **在全体成员都能访问的环境中管理知识**

一般来说，我们通常将知识放进共享服务器，或使用群组软件和云端存储服务等工具共享管理知识。

我曾经工作过的咨询公司将"知识贡献"列为人才评价的标准之一。公司为了将个人智慧转化为公司的共享知识，从制度方面建立了激励机制。

不要认为把知识分享给他人是一种浪费。这种想法是一种误解。

因为知识本身是不会创造价值的。

只有使用者将知识与自己的智慧相结合，知识才会产生价值。

不断给予他人知识，总有一天更好的知识或更大的机遇会来到自己身边。

如果你还把知识紧握在自己手里，请尝试把它分享给公司吧。

36 定型工作做到规范化和模板化

发挥创造力的工作和展现效率的工作的开展方式差别很大。但是似乎有很多人将它们混为一谈。

比如，在创意和娱乐领域的创作型工作需要发挥创造力，没有标准答案。

有人只能得10分，有人可以得100分，也有人能得一亿分。这是一个有独创性的世界，要的不是加法，而是组合不同要素的乘法。也可以说是很难定型化的工作。

● **定型工作要有"型"**

然而，需要展现效率的工作是有正确答案的。

这类工作存在"完美案例"，也就是能取得满分的方法。并且要求我们快速且正确地接近目标。

事务型工作等"定型工作"就属于这类。因此，定型工作不允许每个人有各自的做法。

但实际上，相反的情况非常多。创作型工作容易千人千面，同样的，如果每个人做定型工作的方法都不一样，就会产生无效和低效工作。

● **"规范化"和"模板化"减少工作偏差**

减少定型工作中的偏差、提高生产效率，最好的办法就是"规范化"和"模板化"。

无论是第一次做某项业务，还是做日常出现频率不高的业务，规范化都能提供帮助。

此外，业务种类不同，规范化进程也不同。

比如，公司的基本工作和事务型工作相对而言比较容易规范化，但是许多公司目前还没有推进个人工作方式的规范化，比如电脑的使用方法等。

在我的公司，电脑、打印机的初始设置也都已经规范化了，因为我希望可以尽量减少无谓的困惑。

另外，和规范化一样，模板化的效果也不容忽视。人们总在无意识中每天输出同样的成果，比如邮件或报告资料。规范化使程序标准化，模板化使成果标准化，由此就能大量节约工作时间了。

例如，文章和资料的结构、调整排版等工作会随着模板化而消失。

重新审视日常工作，推动规范化和模板化，高效地利用时间吧！

37 逐步改善工作中的问题

在还没完善工作程序的职场里，到处都是"困惑"。困惑的时间积累起来，比实际工作的时间还要多。

如果困惑来自前所未有的挑战，这是一种"健康的困惑"，没有问题。

然而，如果是日常工作机制和规则的缺失导致的"不健康的困惑"，就必须得到解决。

如果对这样的状态放任不管，工作进程就会停滞，员工的失落情绪会累积，还会抹杀他们的成长积极性。请务必盘点一下现状，努力推动工作的标准化吧！

● **消除工作过程中的困惑**

比起改善而言，改革花的金钱和时间更多，风险也更大。反过来说，日常改善比起偶尔改革更有效果，也更经济实惠。

借用日本职业棒球运动员铃木一朗的话来说："每天的小小积累就是到达最远地方的最短路径。"

日常的改善优于改革

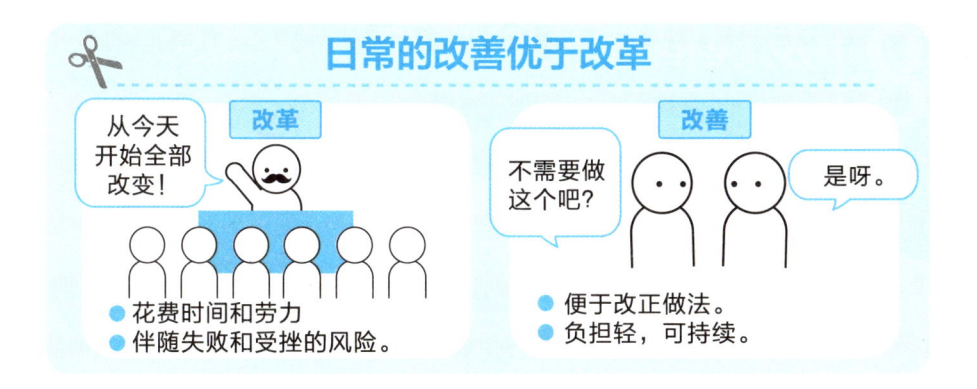

改革
- 从今天开始全部改变！
- 花费时间和劳力
- 伴随失败和受挫的风险。

改善
- 不需要做这个吧？
- 是呀。
- 便于改正做法。
- 负担轻，可持续。

总之，改善就是从小处着眼，甚至可以说必须从细节入手。盲目扩张会导致持续性降低。

例如，准备计时器来压缩会议时间；每天留出五分钟整理桌面；每天记住一个电脑快捷键……

小小的改善能够轻松地修正工作轨道，也能减轻压力。比起大刀阔斧地改革，请记住，没有什么比坚持改善更好了。

另外，如果能将日常细微的改善放进制度或规则里就更好了。顺便说一下，在我们公司，每月修改一次工作手册、维护办公室环境等是员工的任务，因而定期给员工提供改善的机会。

无效工作

38 发现错漏及时修改

每个人都在工作中犯过错误，或是执行任务时出现过遗漏。

当然有必要提前完善机制和规则来预防这类事件的发生，但是比这个更危险的是，我们没有注意到错误和遗漏。

错误和遗漏长时间搁置不管，就会在某个时刻突然爆发，引发大问题，或是导致一些看似无关的其他问题。

事态一旦恶化，就要花很长时间善后。最差的情况是，过去积累起来的信任和资产全部付诸东流。

另一方面，从我这么多年和工作能力强的人接触的经验来看，创造良好的工作环境比工作技巧更重要。

实际上，如果能营造一个快速发现错漏的工作环境，就能最大限度地节约之后应对的时间。

因此，对于"时间""数字""信息"的整理十分重要。让整理成为习惯，就能迅速注意到异常。

① **对时间的整理**

如果我们提前按照时间顺序列出任务和日程的期限，就会很容易地发现疏漏和延迟。

在文件管理方面，如果我们能按照时间顺序列出最后更新日期、起草日期、提交日期等，就会减少"啊，忘记做了！"之类的遗漏。

② **对数字的整理**

计算公式和计算逻辑对于预估金额和合计数值很重要，要提前牢记。

如果是商品码等和管理相关的数字，就得提前了解数字排列顺序和数字本身的意思。

带着假设去看数字，就能注意到计算、位数、号码排列等方面的错误。

我曾经注意到了财务报表上的1日元的差错，让负责人大为惊讶。

在脑海中带着数字相关的假设，就能瞬间感觉到违和感，预防差错。正因如此，在那之后，公司的业务质量大大提高了。

③ **对信息的整理**

结构性地利用身边的信息是很重要的。也就是说，大脑似乎可以自动列出大纲。在组织文章结构和整理资料时，如果能注意到内容和标题的层级，将它们进行分组，就可以更轻松地发现疏漏。

尽可能在平时完善工作环境，不要依靠他人发现我们自己的错误和遗漏。

39 避免重复犯错

谁都会犯错，但有人反复犯同一个错。

他们也不是没有反省，但过一段时间又会重蹈覆辙。

我过去也这样。犯错之后的弥补只是一时的，一次反省并不会带来下一次的成长。

如果你有这样的困扰，那么可以试一试PDCA循环工作法。

PDCA是帮助我们顺利推进工作的管理方法之一，通过循环实施"Plan（计划）→Do（执行）→Check（检查）→Action（改善）"四个步骤，持续地改善工作流程。

不要漫不经心地做日常工作，而是有意识地采取PDCA四个步骤，从而自然而然地实现个人和公司的成长。

下面我将介绍一些PDCA循环工作法的具体方法。

● **Plan（计划）**

Plan指的是制定计划，将理想变为现实。重点是设置具体的数值目标，从而落实为具体计划。

如果设置了较高的目标，比如"网站用户达到现在的10倍"，就要果断制定计划方案，除了更新网页这类常规方法，还要优化搜索引擎、进行新闻宣传、发布广告、与知名企业合作等。

● **Do（执行）**

Do指的是将Plan环节制定的计划付诸实施。

如果网站想要吸引更多用户，就要按照计划迅速采取措施，例如更新网页、优化搜索引擎等。

● **Check（检查）**

Check指的是检查Do环节采取的措施到底有怎样的效果。如果数字发展未按计划进行，就要进行定量原因分析。

● **Action（改善）**

Action指的是反思为什么行动的结果与计划有偏差。不过这并不是终点。不要半途而废，应该在反思的基础上制定新的计划，有意识地开始下一轮循环。

● **不要长期执行一个循环**

反复实施PDCA循环工作法能够渐渐提高业务和工作的质量。

对了，在个人工作中引入PDCA循环工作法的技巧是，不要长

PDCA循环工作法的要点

Action（改善）

无法按计划开展时，找到原因并改正。

<要点>
不止于此，在此基础上制定新的计划。

Plan（计划）

制定计划，将理想变为现实。

<要点>
设置具体的数值目标。

Check（检查）

检查采取的措施到底有怎样的效果。

<要点>
定量分析，例如还差百分之几。

Do（执行）

将计划付诸实施。

<要点>
总之要迅速，快速执行计划。

期执行一个循环。

因为长期执行一个循环的话，中途会松懈，计划变化的灵活性也会降低。

如果你还没有习惯PDCA循环工作法，可以设置三天一次的短期循环，并不断重复。

很多人听到"PDCA"，可能会想"我早就知道了"，但是"知道"和"行动"之间有着天渊之别。

40 使用电脑办公软件提高并可视化生产效率

随着工作方式的改革，各个领域都展开了提高生产效率的讨论。这个现象本身是好的，但如果止步于此，主题没有扩展开来，从始至终都只会停留在模糊的讨论层面。

我认为，无论是个人还是团队，如果想要提高生产效率，首先要做的就是提高信息技术素养。

当前，所有公司里都配备了电脑，信息技术素养和个人能力喜好无关，和锻炼身体一样，只要做了就能掌握，很容易看到效果。

顺便说一句，我说的"信息技术素养"是"运用信息技术的能力"，并不是构建系统、编写程序等"创造信息技术的能力"。

提高信息技术素养是提高生产效率的必经之路，可事实上，大多数公司并没有相关的培育措施。

在管理层培训和专业知识培训中，一般也不涉及提高知识生产效率的信息技术素养培训。

或是只教授Office系列软件的使用方法，也就是"计算机教室"。

因此，公司想要利用信息技术，全靠员工个人努力。

结果，许多公司常年充斥着低效率的工作方式。

有些公司做出宏大的战略部署，引入了最新的信息技术系统，却仍然没有得到想要的成果。这样一来，公司常常面临瓶颈也就一点不意外了。

不过没有必要把"提高信息素养"想得太过复杂。大致上来说，只要成功提高"Windows OS（Windows操作系统）""Office系列软件""电子邮箱""浏览器"的使用效率，就能大幅提高职场生产效率。

● Windows OS

让我意外的是，许多人并不了解"Windows OS"的各个功能。

即便你不换新的电脑，只要设置好系统，性能也会大大提升。

这里指的是初始设置之外的附加效果，到了第7章我再详细解释。

此外，善用窗口操作和切换的快捷键，可以显著提高文件管理效率。

● Office系列软件和电子邮箱

"Office系列软件"和"电子邮箱"的使用的频率都很高，所以提高效率能带来非常显著的效果。

要善用快捷键，也要充分利用词库功能，帮助我们瞬间召唤出收录过的单词。

● **浏览器**

说到浏览器，我们必须提高"谷歌搜索"的技术。

除了普通的搜索之外，谷歌还可以用作计算器、翻译器、地图，用得好了能够大量减少内存压力，详细内容留到第八章再介绍。

想要提高以上信息技术素养，必须采取措施来可视化学习情况、促进员工不断进步。

因此，我们公司采用了单独的"信息技术素养一览"手册，帮助员工提高信息技术素养并养成习惯。

手册当中收集了平时常用的电脑和手机的快捷键和小技巧，简直就是一个藏宝库。

内容除了常用的Windows、Microsoft Office（微软Office系列软件）、Chrome（谷歌浏览器）、Gmail（谷歌邮箱）之外，最近还新增了Facebook、iOS（苹果手机操作系统）相关方面的技巧，总数超过700条。

我们公司将一览手册上传到共享服务器，如果之后发现了新的知识，就随时更新。

此外，员工们每天掌握一个喜欢的小技巧，工作时和旁边的同事互相交流，养成习惯，不断实现信息共享。

关于信息素养，每个人的水平不一样，想要提高团队整体的水平要花很长时间。要像游戏闯关和练习乐器，创造大家都能乐在其中的环境，这才是不断坚持下去的秘诀。

第4章小结

1. 次次都要在信封和发票上手写同样的内容

→巧用印章、Excel表格的"输入规则"、业务软件，提高效率。

2. 在电脑里手动输入纸上的内容

→不要用纸，而是电子化保存信息。

3. 用眼睛确认和核对数据

→善用Office系列软件的查找和替换功能，以及Excel表格的"Vlookup函数"。

4. 内容相似但每次都要从头开始写资料

→巧用模板，同时审视重新写资料的必要性。

5. 写资料时截图很麻烦

→学习使用Windows自带的截图方法。

6. 反复手动输入常用的词句和地址

→善用Windows的词库收录功能，以及住址、邮政编码互相转换功能。

7. 名单和名片管理乱七八糟

→用Excel表格统一管理个人信息。

8. 没有共享工作进度和任务

→共享本节提到的Excel项目管理一览表，共有11个类目。

9. 知识和经验属于个人

→共享知识和经验，而不是只掌握在个人手里。

10. 定型工作的做法因人而异

→理解定型工作有标准做法，不要自作主张。

11. 面对工作中产生的困惑

→在日常生活中不断进行小的"改善"，而不是大的"改革"。

12. 谁也没有注意到工作中的错漏，于是谁也不管

→从"时间""数字""信息"三个角度出发整理事物。

13. 重蹈覆辙

→理解PDCA循环工作法，并实际应用在工作中。

14. 缺乏提高并可视化生产效率的方法

→提高使用"OS（操作系统）""Office系列软件""电子邮箱""浏览器"等的操作素养。

第五章

全程集中注意力

（工作环境篇）

41 处理掉工作中的纸质资料

一旦书桌上的纸质资料堆积起来，我们就无法迅速找到需要的资料，也不知道哪一张才是最新的版本，很容易产生混乱。

似乎可以通过将这些资料全部数字化来解决问题，但电子资料和纸一样，数量太多都会引起混乱。

其实把不要的资料数字化也是浪费时间，再加上后续的整理，只会花费更多时间。

想要保持手边的信息数量适中，就不要轻易地把资料数字化，而是直接把纸张丢掉。贯彻"不留没用的信息"理念是很重要的。

● 如何干脆利落地扔掉纸质资料？

如果没有"丢弃标准"，我们会想"以后可能会用到"，于是资料就越积越多。

什么是没用的信息呢？标准有三个：不可重复利用、可再次获取、获取价值低。也就是说，如果一份资料不太可能再次使用，或者能再次取得，抑或很便宜，那就不要多想，直接丢掉。

一开始可能会有抵触心理，慢慢习惯了就好了。

放弃纸质资料的三个标准

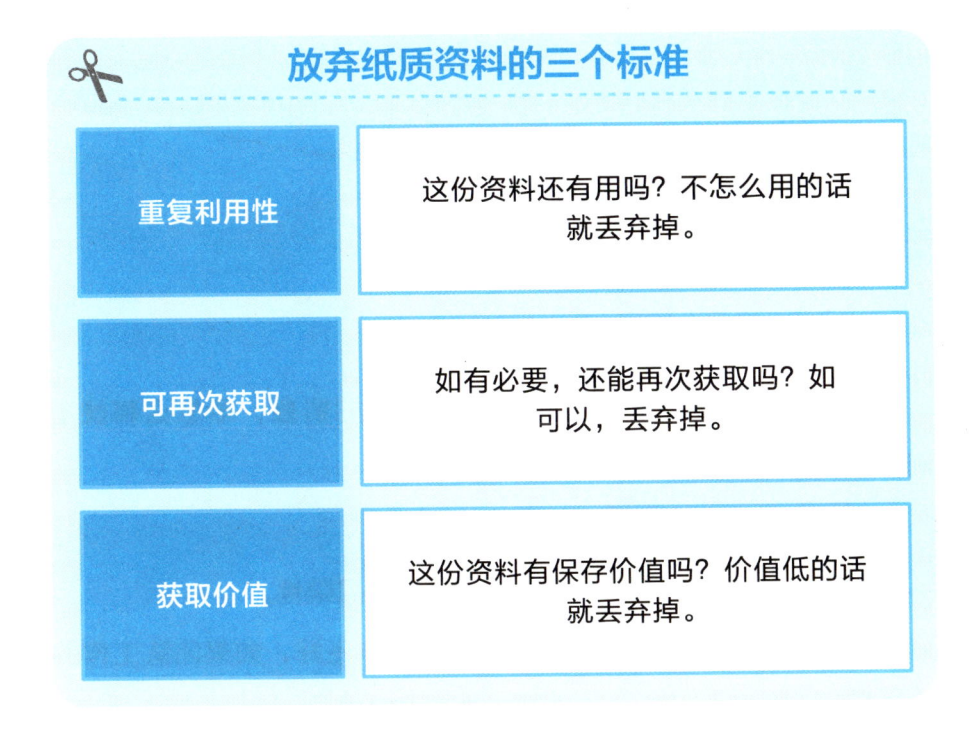

重复利用性	这份资料还有用吗？不怎么用的话就丢弃掉。
可再次获取	如有必要，还能再次获取吗？如可以，丢弃掉。
获取价值	这份资料有保存价值吗？价值低的话就丢弃掉。

● **不要攒明信片和邮寄广告，直接扔掉**

客户发来的新年贺卡、事务所搬迁的新地址、邮寄广告之类的邮件……如果都放着不管，迟早有一天会吞没你的办公桌，夺走你的注意力和时间。

对于工作中不需要的明信片和邮寄广告，只需要检查一下对方的住址和联系方式有没有变化，就可以直接扔掉了。

顺便说一下，我们公司从来不参与新年贺卡的抽奖活动。不确定的奖品价值和确定会失去的时间相比，还是放弃抽奖为好。邮寄来的优惠券也会增加管理的负担，所以丢掉。

不要被蝇头小利所迷惑。保持简洁的办公环境，自然而然就能省出时间，从容不迫。

42 养成信息数字化的习惯

在山一般的纸质资料中拼命地找想要的信息，却怎么都找不到。你有没有类似的经历？

和数字资料相比，纸质资料总是有检索局限性。

写小说、画插画之类个人能完成的工作还好，如果团队工作的资料还保存在纸上，就会给信息共享带来阻碍。

资料数字化的意义在于，即使信息在不同的地方，也能自由查阅。

● **一旦拿到信息就立刻数字化**

和过去相比，企业的无纸化办公确实有所普及。但现在很多时候，商业会议等场合还会用纸质资料。

有些企业好不容易推进了数字化，却没能持续下去，最终又回到了被纸张吞没的环境。

想要避免这种情况，就要养成好的习惯，得到重要资料后就迅速将其数字化。

如果拿到资料后没有立刻数字化，很快桌子上就会堆满了纸。

拿到纸质资料后立即数字化

收到纸质资料后……

事后一起数字化
桌上堆满纸，最后没能将资料数字化。

一刻不等，立刻数字化
咔嚓！
当场用手机拍照，
当天扫描出来。

数字化资料一般使用扫描仪。如果你所在的地方没有扫描仪，也可以用手机拍照，用邮件发给自己。

此外，也可以用Google Drive（谷歌云端硬盘）等云端存储服务来同步信息。

扫描了文件后，通过OCR功能（光学文字识别功能）转换为文字，便于检索。

前面我说过，多功能一体机和扫描软件有OCR功能，Adobe Acrobat（Adobe公司开发的一款PDF文件编辑软件）也自带OCR

功能，此外还有很多专业OCR软件在售。

● 可以重新获取的信息不要数字化

如前文所述，将纸质资料数字化的判断要点是，这份资料能否在网上或公司内部服务器里重新获取。

如果可以就不要数字化，直接丢掉。下次使用时再重新获取。

只有那些非常重要且无法从网上或服务器里再次获取的信息，才值得数字化。

记住这个原则，避免数字信息的重复。

● 在电脑上接收传真，不要打印

如今，商务场景的主战场早已转移到了邮件，但要传真从办公室里彻底消失，还需要一段时间。

有时客户要求发传真，我们也不得不接受。

传真出的纸张如果放置不管，就会渐渐地占据整个桌子。

此外，准备纸张也会花费时间。

资料和工作相关的话还好，如果只是单纯的广告，还要为此花费纸的钱，真是麻烦。

要减少类似的无效工作，我建议各位收传真时直接在电脑上接收、查阅电子版，不要打印出来。

具体方法有很多，可以用多功能一体机的附加功能、收传真的软件，也可以向通信公司申请专门服务。

这样一来，在外面也能确认收到的内容，非常方便。

不靠唯心主义，而是坚持不懈地积累这些小习惯，才能让无纸化扎根在公司或个人的工作方式中。

43 掌握电脑屏幕阅读小技巧

阻碍电子化的一大原因是，有些人只要看着电脑屏幕就无法思考。

有人必须把资料一张张打印出来，才能一边看资料一边构思新方案。令我意外的是，这样的人有很多。

为什么会这样呢？

这是因为我们在积年累月中已经习惯了纸张的"阅览性""即时性"等方便的特点。

例如我们把两份资料放在一起，思考它们的差异；或是一项工作完成，准备开始做下一项工作时需要拿出别的文件。这时纸质资料是很方便的。

但反过来说，如果提高了电脑屏幕的阅览性和即时性，不用纸也可以思考事务。

下面我来介绍几个方法：

● **同时在电脑屏幕上显示两份文件，提高阅览性**

在电脑上对比两份资料时，我想许多人会用鼠标调整窗口的大小。

如果你这么做，的确会感觉到纸很方便。

但实际上只要用快捷键就能解决问题。

做法很简单。打开某个文件，按下"Win"键和"左"键或"右"键，就可以将窗口嵌在屏幕左边或右边。

采用这种方法左右并列两份文件，不用纸也能对比文件了。

● 瞬间切换多个文件或应用软件，提高即时性

同时处理多个文件过程中出现中断，结果忘记了之前的工作内容，把文件搞混了，更新了错误的文件。

这种可能性常常导致我们转头采用纸质资料。这是由于我们无法同时处理多个文件，注意力中断的缘故。

为了防止类似事件发生，我们可以使用快捷键来瞬间切换文件和应用软件。

鼠标切换既费时又费力，而快捷键可以马上调出想要的文件，避免大脑混乱。

同时处理多个文件时，为了能轻松地参考电脑上的信息，就要降低纸张的必要性，促进无纸化办公的发展。

切换不同文件和应用软件的方法有下面五个：

① 按下"Alt"键和"Tab"键，在出现的选项画面中再按一次"Tab"键，就能够选择想要的文件和应用软件。打开多个文件时，可以用这种方法查看并确认选择的对象，非常方便。

② 按下"Win"键和"Tab"键，打开任务视图，可以不用鼠标，只用"上下左右"键来选择文件。这种方法可以统观所有打开的文件进行选择，很方便。

③ 按下"Alt"键和"Esc"键，不需要选项画面就能直接切换文件和应用软件。打开的文件和软件比较少时可以采取这种方法。

④ 按下"Ctrl"键和"F6"键，可以在同一个软件之间切换文件。如果你打开了不同种类的软件，又想要切换到Excel之类某个软件中的特定文件时，这个快捷键很好用。

⑤ 按下"Win"键和"D"键，可以最小化所有打开的窗口，再按一次可以全部最大化。打开了多个窗口，同时进行多项工作时容易产生混乱，使用这种方法可以瞬间回到桌面状态，非常好用。

当你习惯了这些切换画面的操作，很快就能用电脑完成工作了。这样一来，可以节省纸张，还能节约大量成本和时间。

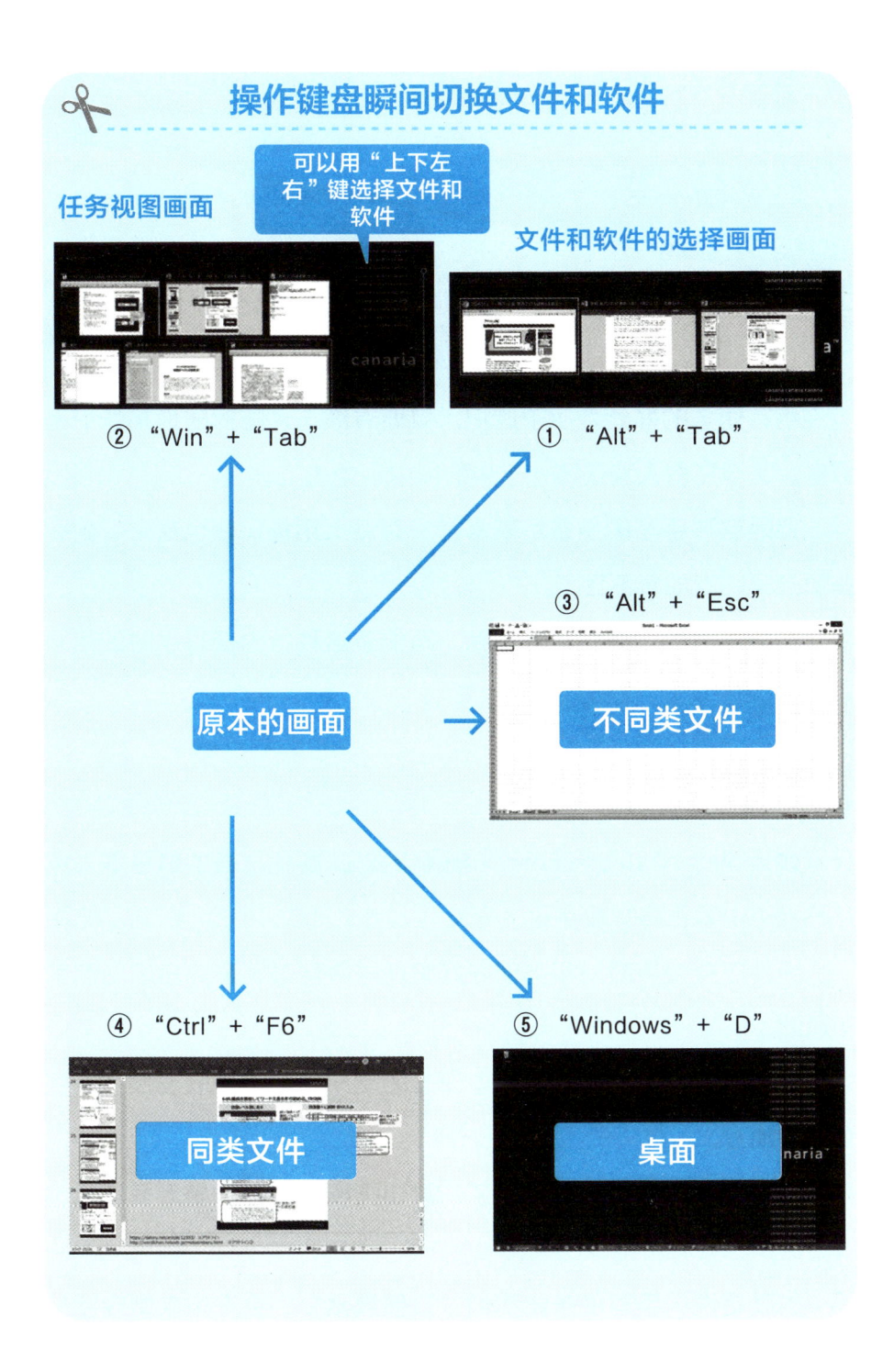

操作键盘瞬间切换文件和软件

任务视图画面

可以用"上下左右"键选择文件和软件

文件和软件的选择画面

② "Win" + "Tab"

① "Alt" + "Tab"

③ "Alt" + "Esc"

原本的画面 → 不同类文件

④ "Ctrl" + "F6"

⑤ "Windows" + "D"

同类文件

桌面

第五章 全程集中注意力（工作环境篇）

145

44 使用电子备忘录

无效工作

手写便条的好处是便于速记。只要有纸笔，随时随地都能记录信息，甚至还有人直接写在手边的纸巾、传单上。

但是这种手写的便条后来常常没有派上用场。我也经常看到有些便条写完就放着不管了。

实际上很多人并没有意识到，写便条这种行为使得平时的信息管理更加困难。

● **写便条的坏处**

如果想将手写的便条用于其他目的，就要把上面的信息输入或是扫描进电脑，将其数字化。

另外还要按照时间和类别好好整理这些便条，避免日后的混乱和遗漏。

还需要笔、橡皮、总结整理便条的文件和笔记，以及保存这些东西的地方。

如果之后不需要某张便条了，就要扔掉。积攒数量太多的话，就连扔掉也要花费不少工夫。

也就是说，手写便条让我们"负债累累"，会在未来剥夺我们的时间和金钱。这是许多人忽视掉的坏处。

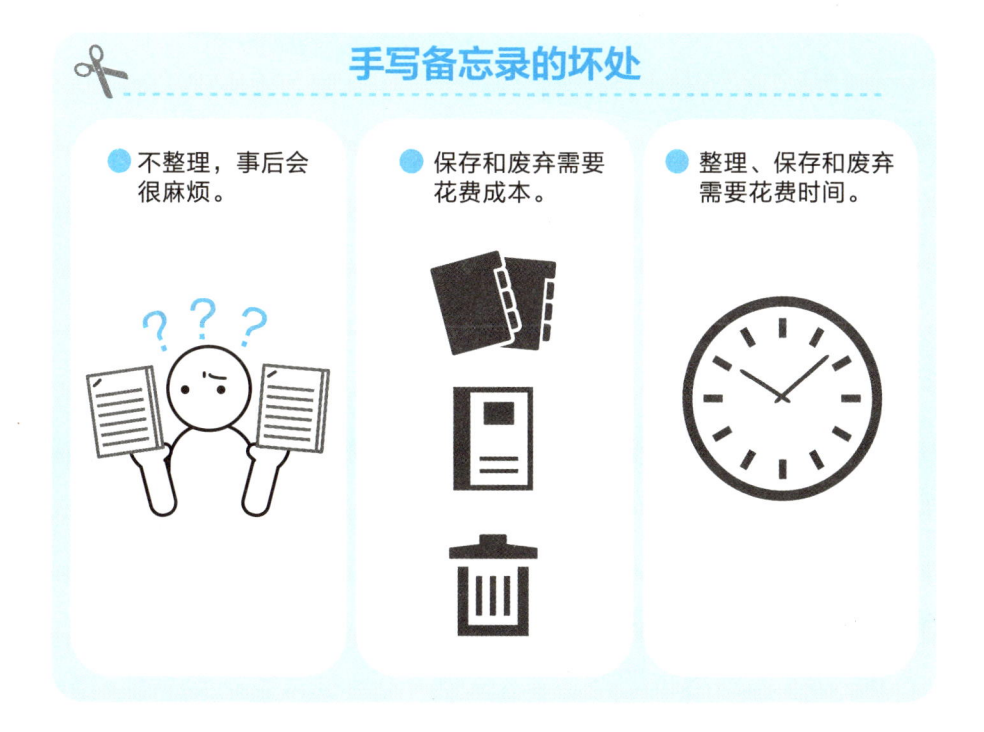

手写备忘录的坏处

- 不整理，事后会很麻烦。
- 保存和废弃需要花费成本。
- 整理、保存和废弃需要花费时间。

● **用智能手机写备忘录**

因为以上原因，如果我在外面需要写便条，会尽量使用手机。

我用的是手机自带的备忘录和录音软件，简单又便捷。

用手机记录好后就直接发到自己的邮箱里，或是同步到云端，便于后续落实为任务。

习惯手写备忘录的人可以慢慢地改用手机，从而减少身边的便条和纸片。

45 落实无纸化办公

因为工作的缘故，我常常需要拜访各种各样的公司的办公室，它们的办公桌上都堆满了纸质资料。

这些公司也不是不想推动无纸化办公，但因为无法落实下来，所以无法减少纸质资料。

● **真正的目标是"创造共享信息的环境"**

推动落实无纸化的原因是，人们以为无纸化办公是在削减成本。

当然也有这方面的考量，但如果仅此而已，是无法提高员工的参与意识的。

真正的目标应当是通过数字化来创造共享信息的环境。

例如，我们可以将纸质信息提前数字化。这样一来，人在外面却急需资料的时候，就能通过网络快速获取或发送资料，不错过任何商机。

推进无纸化办公的要点

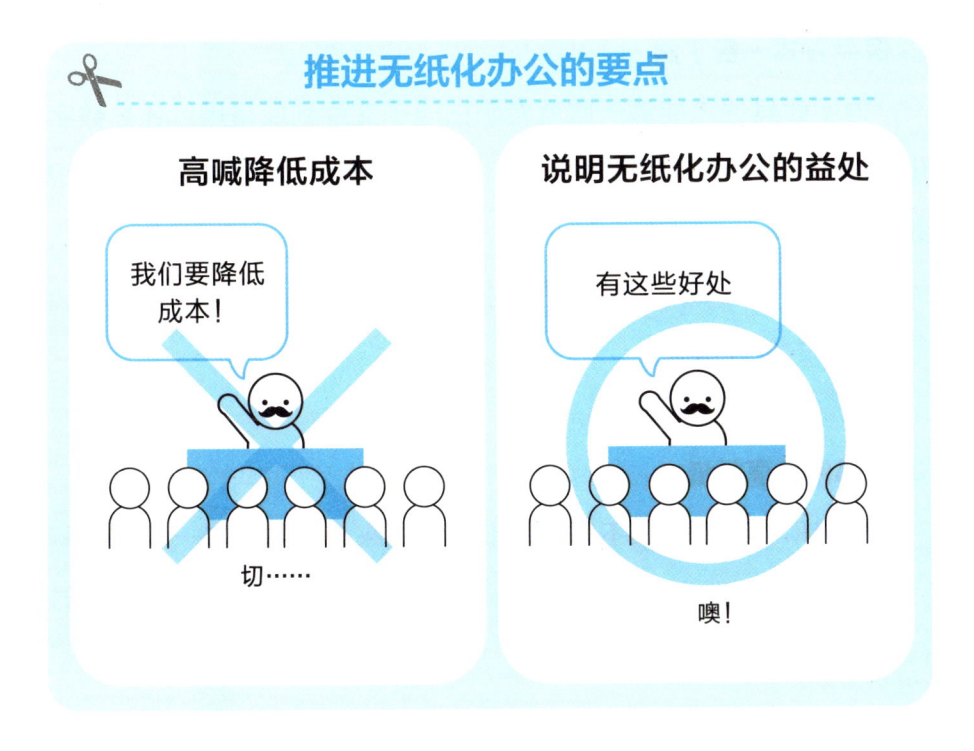

高喊降低成本

我们要降低成本！

切……

说明无纸化办公的益处

有这些好处

噢！

我们可以将无纸化办公带来的每个人都能享受到的具体利益告诉员工，这样就能初步推动无纸化办公了。

在此基础上，还可以制定便于理解的规则。

我公司里制定了以下五个规则来持续稳定地落实无纸化办公：

① 必要资料基本实现数字化

遇到需要保存为公司信息资产的资料，员工应当查看使用说明书，扫描并保存为电子版。

② **保存方式一目了然**

为了让其他人能够一眼就看明白电子文件到底是用纸还是数字化保存，或是用了两种形式保存，文件名最后应该标注好"·纸质/数字化保存"。

或者也可以在同一个文件夹中保存某一个文件的同名备忘录，记录文件的保存形式。

③ **用邮件共享凭证**

决策和协议的记录不需要用纸打印出来，但以防万一，可以留存一份作为凭证。做法是给对方发送一份确认邮件，这样可以随时在电子邮箱中查找这份记录。

④ **保存公司内部信息时应当能在10秒内查找到**

在我的公司里，如果10秒内找不到想要的公司内部信息，就要在"完善规则""更新设备""提高员工素养"等方面重新发力，努力提高信息管理的质量。

10秒只是一个标准，但是使用搜索工具可以瞬间查找到几乎所有信息，所以基本上查找时间都可控制在10秒以内。

⑤ **工作或讨论过程中可以使用纸张**

推动数字化力度过大时，会对一部分工作、一部分人造成危害。

特别是需要想象力和创造力的创造性工作，纸张特有的自由度的确是很重要的。

因此这类工作需要使用纸张。

推进无纸化办公时，一定会有人反对说"没有纸不行"。但如果你回复说："最后还是要保存为电子文件"，对方基本上都会妥协。

虽然这些都是细节，但反过来说，正是因为许多公司并没有贯彻、遵守这些细节，才中途放弃了无纸化办公。

最后还要提一下铃木一朗的那句话："每天的小小积累就是到达最远地方的最短路径。"

46 减少个人物品和资料

无效工作

工作效率和办公室里物品的数量之间存在微妙的因果关系。

物品太多会增加找东西的次数和难度。办公室里的大件物品堆积起来，工作时的活动路线也会受到影响，每次多走的几步路积攒起来也是庞大的时间浪费。

桌子上堆积的纸质资料倒掉又重新摆放好，花费时间和成本来处理增加的垃圾……

类似的事情不胜枚举。

下面我会介绍几个让桌面环境变得清爽的方法：

● **摆脱个人物品收纳柜**

办公桌一般都会配备收纳柜，用来放文具和文件。有些公司还会给员工另外准备个人物品收纳柜。

这些柜子就是桌面物品和资料无法减少的原因之一。

一旦有剩余的空间，人们就会不自觉地存放物品，结果最后东西越积越多。

不过，即便宣布"从明天起停止使用收纳柜！"，也很难付诸实施。

要脱离对收纳柜的依赖，就要一方面实践书里介绍的方法，一方面分阶段渐渐推进，比如一点点地减少文具和纸质资料等。

顺便说一下，在我的公司，不是每个员工都有收纳柜，而是一个部门共用一个收纳柜，从而抑制物品的增生。

● **用手机替换掉其他电子产品**

数码相机、录音机、计算器、电子词典、扫描仪、电子时钟……

人们越想提高工作效率，越容易用各种工具把桌子堆得满满当当。

这种桌子的主人的口头禅往往是"忙死了"。这是肯定的！毕竟一旦把东西放到桌子上就不再移动，每次找都要花一番力气。

工作空间被大量侵蚀，这些人到底是在哪里办公的呢？

说清楚点就是工作中根本不需要这些电子产品。

为什么？因为它们的功能完全可以集中到一台手机上。

反过来说，只要充分利用手机的功能，就没必要拥有这么多电子产品了。

将电子产品的功能集中到手机上

1部手机就足够了。

● 个人垃圾桶反而增加垃圾

减少办公室垃圾一直是公司面临的问题。垃圾除了影响环境，从经营的角度来看还会造成时间和成本的浪费。

然而实际上，办公室垃圾总是不见少。

和个人收纳柜一样，无法减少垃圾的原因就是，我们创造了一个随时随地都能扔垃圾的环境。

不同工作和职业需要不同的垃圾箱容量，但是我们至少可以停止使用个人垃圾箱，这样就能在很大程度上减少垃圾数量、节省处理时间。

更有效的方法是，每个人养成不制造垃圾的习惯。

例如使用电子产品，减少纸张打印和文具消费，自然而然会减少垃圾的产生。

此外，尽量从合作方那里接收电子版资料，节省包装纸和袋子。有意识地不制造垃圾，带来的结果就会和先前截然相反。

● 不设固定工位就能减少物品

近年来，越来越多的企业办公室采用了"非固定工位制度"。但大多中小企业依然使用岛状固定工位制度。

固定工位的好处是空间效率高、找人方便，管理者能够轻松了解部下的状态。

但是这也有一个致命弱点。

那就是，固定工位会导致个人物品大量增加。

不设固定工位，必然会导致员工流动，从而促进信息集中在电脑里，减少办公桌上的杂物和纸质资料。顺便说一下，我们公司没有设置社长工位，只要座位有空余，谁都可以坐。当然员工也不会把个人杂物和用具放在公司。

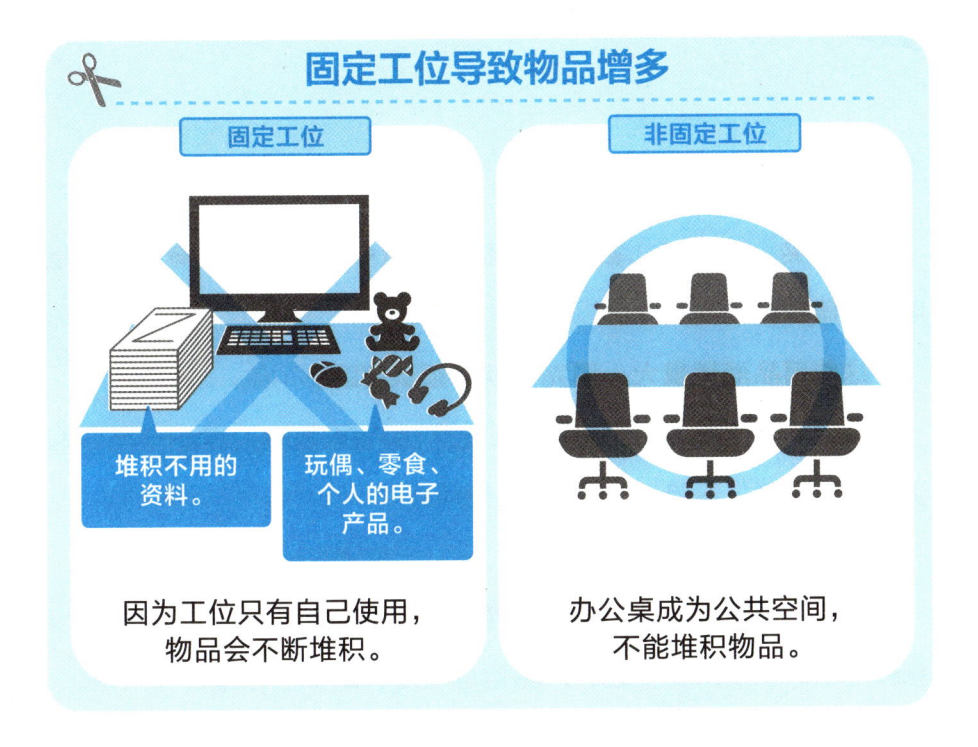

固定工位导致物品增多

固定工位
- 堆积不用的资料。
- 玩偶、零食、个人的电子产品。

因为工位只有自己使用，物品会不断堆积。

非固定工位

办公桌成为公共空间，不能堆积物品。

收纳柜、桌上的电子产品、垃圾箱、固定工位——只要丢掉这四样，无论是公司还是个人都能轻装上阵，轻松地省出时间、空间和金钱。

47 减少办公耗材

请环视你的办公室。

活页夹、订书机、裁纸刀、胶水、笔……你工作时淹没在大量用于纸质资料的文具中。

这些用品消耗量大，用完了就必须买新的。

如果身边有太多的文具，就会产生许多间接工作——申请购买、购买许可、下单、收货、支付、管理、废弃……

此外，充斥着文具的办公环境也很难推动数字化工作，纸质信息和电子信息交杂在一起，产生信息重复、缺少信息整合等问题。

● **使用并共享电子信息，减少文具**

如果能直接处理电子信息，就能大幅减少文具消费。不仅办公环境清清爽爽，还省掉了不少间接工作。

因此，善用电脑和信息处理工具，从使用文具的传统工作方式转变为数字化工作方式。

从而把员工从采购中解放出来，大大提高了信息检索和共享的便利性。

比如，如果我们用数字化方式处理信息，就基本不再需要活页夹了。

订书机、裁纸刀、胶水等的使用频率也随之下降，不用人手一个，需要的话从公共用品中取用即可。

● **每个用途只用一种文具**

当然，我也理解现在很多人想要文具的心情。万一需要了马上就能用，这让他们觉得很安心。

特别是做事务性工作和管理性工作的人总是需要处理合同、官方文件等纸质信息，不能完全离开文具。

因此，这里我推荐各位面对每一个用途时，只选择一种品类的文具。

例如，有人的桌子抽屉里放着好几根黑色签字笔，但其实一根就足够了。

面对一个用途，不需要拥有好几款文具。

甚至有时，一款文具能同时拥有多个用途。认真选择并好好利用自己喜欢的文具，可以保持很高的效率和动力。

48 将物品摆在能找到的地方

无效工作

找东西的时候是不会产出任何成果的，所以我们应该尽量减少这种生产效率低的工作。

● **固定物品位置**

为了不把重要的时间用来找东西，就要固定物品的位置。

只要定好了位置，就不用次次都找，从而节约大量的时间。

我不用收纳柜，所以就以办公桌为例。如下图所示，笔记本电脑放在最中间，左手边是手机，右手边放着文具，并按处理顺序摆放着要处理的文件。

如果空间有限，可以适当重叠资料和物品。重要的是摆放有逻辑，一定不能乱七八糟。

理想的摆放状态是，其他人看到自己的桌子，也能马上明白我们的分类逻辑和处理顺序。这样一来，即便我们不在座位上，其他人也能轻松地跟进工作，处理问题的效率大大提高。

固定物品的摆放位置

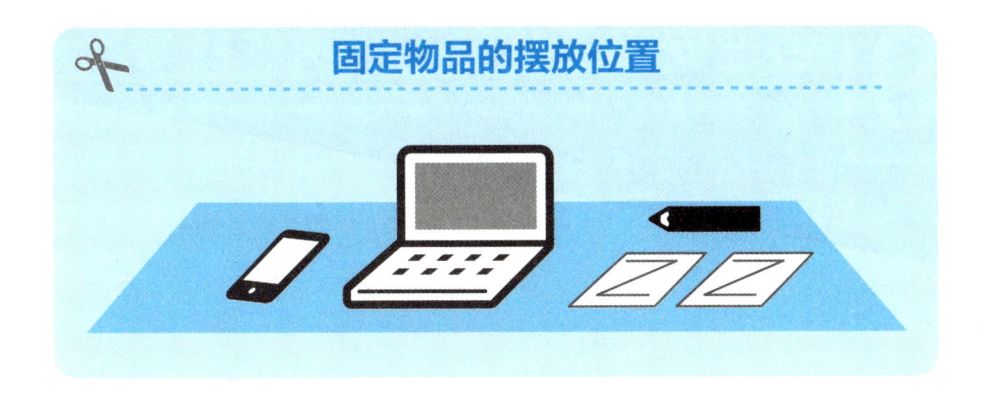

● **桌子上只放现在工作需要的物品**

减少"找东西"的另一个有效做法是，桌子上只放现在做的工作中需要的物品。

有句话说得好："办公桌展示了使用者的大脑。"物品一多就容易注意力分散，遗漏现在该做的工作。

实际上，文件和物品在桌子上堆积如山的人，工作时看起来往往慌慌张张、乱作一团。

为了避免这种情况，我们应当养成用完物品后就放回原位的基本习惯。

"下班的时候再收拾。""等会儿一起收拾吧。"这样的想法会让我们不断拖延，桌上的东西越积越多。

只要物品开始堆积，人们就会在无意识中感受到负担，从而行动更加迟缓，最后陷入恶性循环。

偶尔停住脚步，重新审视自己的办公桌，这样做能够提高工作的透明度，维持高效的工作环境。

49 合理安排工作

工作的目的是"附加价值的最大化"。适合达成目的的场所本来就随着工作内容和时间而改变。

但是，坐办公室的员工大多除了吃饭和休息之外，从不离开工位，每天从早到晚地在同一个地方工作。

这种固定的工作方式会在无意中束缚我们的思想，让我们错过许多新的想法。

● **根据工作内容改变座位**

"流水不腐。"如这句古语所说，我们要保持职业人的新鲜度，就必须在物理层面和思想层面都流动起来。

特别是物理层面的流动。根据工作内容移动到合适的地方有助于集中注意力。在不同的环境中和不同的人相处，从而获得灵感，不断涌现新的想法。

顺便说一句，我的公司考虑到工作内容和沟通效率，慢慢决定了座位区域，但每个办公桌都没有专属于某个人。

另外我们还设置了几个不同的空间，便于员工根据工作内容选择使用。

虽然每个公司都有物理方面的局限，但是为了让员工做附加价值更高的工作，应当给予他们根据工作内容选择最佳场所的自由。

● **在能够放松的地方产生想法**

在无数工作中，产生想法的工作特别容易受到空间的影响。

如果想法能够顺利涌现就好了。但是和定型工作不同，这类工作的进展常常不如预期。有时还会长时间陷入僵局。

从事创造性工作的人士常说："灵光一现。"实际上，想法总是经过平日里长久的酝酿，有一天，工作者突然放松下来，想法就在那个瞬间涌现。

每个人能够"放松"的地方都不一样。

某个问卷调查显示，洗澡时、厕所、床上、在图书馆、在车里等时候最容易产生新的点子。这些都是能够让人放松的场所。

顺便说一下，我常常在离开办公室去便利店买咖啡的途中，突然眺望六甲山的那个瞬间产生新的想法。

请各位也在酝酿灵感的时候，找到专属于自己的"放松点"吧。

第五章小结

1. 纸质资料淹没办公桌

→根据"不可重复利用、可再次获取、获取价值低"三个标准判断是否丢弃资料。

2. 花太多时间在纸质资料中查找信息

→养成一拿到纸质资料就立刻数字化的习惯。

3. 看着电脑屏幕无法思考

→善用切换画面的快捷键，提高电脑的阅览性和即时性。

4. 戒不掉手写备忘录

→了解手写备忘录的坏处，养成用手机记备忘录的习惯。

5. 没有固定无纸化办公的规则

→向员工说明无纸化办公的优点并制定规则。

6. 个人物品和资料不断增生

→不再使用收纳柜、垃圾箱，取消固定工位，用手机代替其他电子产品。

7. 消费太多文具

→使用并共享电子信息，减少文具；每个用途只用一种文具。

8. 找东西导致注意力中断

→固定物品位置，只在桌子上放需要的东西。

9. 一整天都坐在同一个位置上工作

→保持"根据工作内容改变座位"的想法。

第六章

消灭"忙" "没完成"
（时间管理篇）

50 有效利用零碎时间

我们经常会看到很多乘客在电车内或是站台上站着发呆。当然，不是说这有什么错，只是回想一天的活动后，会意外发现有很多缝隙时间，灵活运用的话可以处理很多工作。

举个身边的例子，等红绿灯的时候，亦是等待结账的时候，再或是买饭排队的时候，都可以充分利用这段空闲。

我呢，平时不怎么发呆，所以一有空就想着趁机完成一些可以提前做的事儿。

一旦养成这样的思维习惯，就会大大提高日常的工作效率。

● 外出时的缝隙时间是处理邮件的绝佳时机

笔记本电脑尚未亮相时，台式电脑占据了我们的办公室。因此时常出现令人受不了的状况：外出回来后，一波邮件浪潮迎面扑来。

随着手机的普及，零散时间的利用方式发生了改变，其中尤以趁机处理邮件最为突出。只要下载邮件应用程序并加以设定，就可以实现和电脑同样环境下的邮件收发。

我个人的话，私人账户和工作账户都是Gmail的邮件地址，所以抽个空就把所有邮件处理了。

利用零碎时间处理邮件和平时不同，没有时间斟酌字句。因此，要如下图所示，划分邮件的处理顺序（仅仅阅读即可的邮件、马上回复的邮件、稍后回复的邮件）。

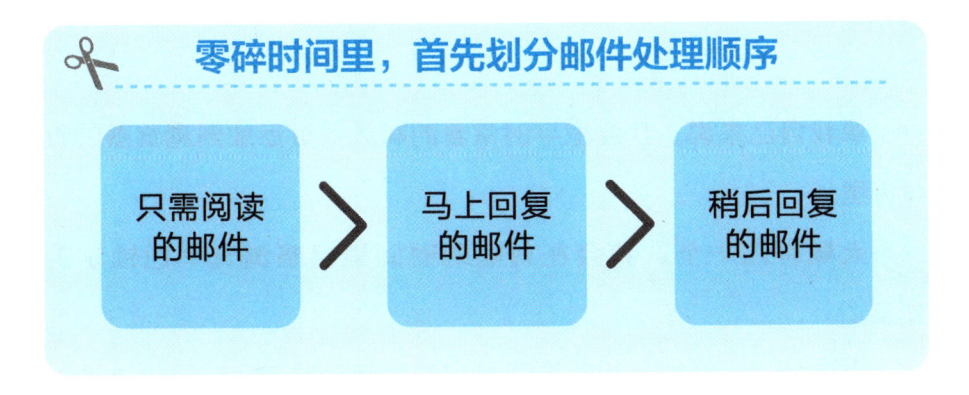

零碎时间里，首先划分邮件处理顺序

只需阅读的邮件 ＞ 马上回复的邮件 ＞ 稍后回复的邮件

邮件内容要尽可能短。为了留底，方便后期任务管理，把自己的邮件地址添加到"密送"吧。

同时，署名设定为"通过手机发送"登录或者手动输入"通过手机发送"，这样一来即便文件内容简略、遣词造句稍欠火候，对方也多少会表示宽容的。

● **零散时间里浏览新闻网**

人类这种生物，什么都想知道又容易受诱惑。

和纸媒不同，网络消息是很难缠的家伙，不限地点地向我们涌来，迎合我们的探知欲。

而且还是免费……

虽说是网络消息，内容正确且富有内涵倒也还好，但是更为常见的是片面的假新闻，或者只是吸引我们不知不觉去看的抓人眼球的标题。

所以，提前决定好捕捉消息的场所、时间、方法、内容，以免落入前面提到的新闻"陷阱"。

拿我自己来说，我会把平时常看的媒体网页添加到浏览器的收藏夹里。

大概有几十个，我会在有限的时间里粗略浏览早已锁定的文章。

也就10~15分钟，等待换乘电车的时间足够了。除此之外的时间里我不再看消息网站。

在信息爆炸的时代，关键是要有拒绝信息过多涌入的勇气，高效使用缝隙时间。

● **有效利用见面前后的零散时间**

在前往公司外的见面地点途中，可以事先确认会面内容，再浏览一下对方的社交账号动态。

见面后，以事前调查的内容入手，聊聊对方的近况和想法，从而打开话题，可以提高会谈的质量。

灵活利用缝隙时间的秘诀在于事先决定什么样的场合下做什么事。

只要形成习惯，减少纠结，就能合理安排时间。

除了我在这里提到的，还有很多活用缝隙时间的方法。去试着寻找属于自己的使用方法吧。

51 多驳回工作

无效工作

"要多次退回下属的交付内容，真是头大啊……"

我经常听到年轻的管理人员这么说。

所谓"驳回工作"是指交付的内容质量很低，要拜托对方重新完成。既耽误委托方的工作进度，而且对下属而言，不得不重新完成工作，又消耗了心力，对彼此都不好。

过于追求速度而失了质量，为了补回质量，又花了额外的时间。这样的事例数不胜数。

如此一来，辛苦的付出反而成了无用功。

● 明确工作的"目的"和"目标"

缺乏技巧和经验当然是工作被驳回的原因，但是更多的是不明确"目的"和"目标"，稀里糊涂就开始工作导致的。

随后就形成了大量无效工作，徒劳无益。

尤其是工作的规模越大越容易引起大麻烦，比如开发项目、建设项目等。

曾经，"Lean Startup（精益创业）"这个词语流行的时候，一部分人误解其意而仓促工作，无一例外收获了不好的结局。

多数情况下，开始一件新事情时多少需要点冲劲儿。

但是，尤其是不想迎来错误的局面时，还是要事先明确"目的"和"目标"。

方向明确，更易出成果。

我过去就职的一家外企咨询公司里，不论是新人还是有经验的职员，几乎所有人都有一个习惯：开始会议和项目前明确"目的"和"目标"。

实际上，这个习惯有利于确保项目的完成度和缩短工期。

● **"目的""目标"是什么？**

顺便一提，"目的"是指以求达到的状态（结果）。

而"目标"是指应该完成的事情（为达目的的量化指标）。

举个例子，我所经营的解谜企划公司黑猫魔方有这么一句任务口号：沉浸在改变世界里。这就是我们的"目的"。

为了取得这样的结果，必须做到3个"目标"：

· 让更多的人，哪怕多1个人体验到解谜的乐趣。

· 通过解谜构建与他人的合作关系。

· 以解谜带动区域发展。

这个例子说了"大框架"性的事，也可以说是愿景、使命等，不过日常性任务也是同样的步骤。

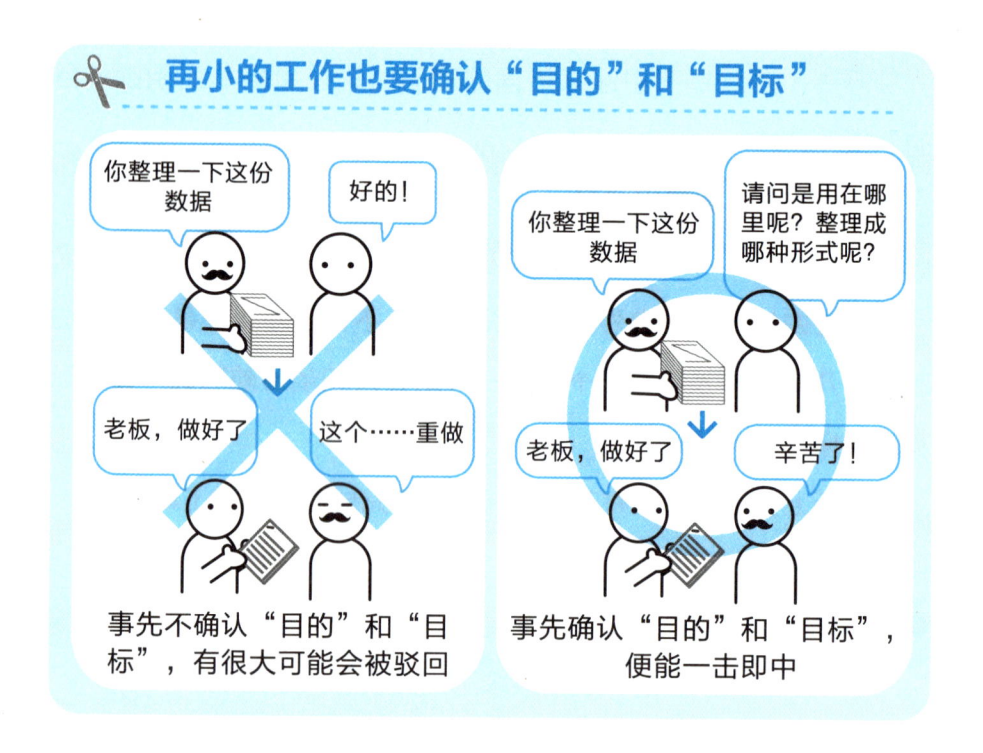

"1个目的，3个目标。"

退回工作多，怎么也不出成果的话，请你以此为例，在着手工作前明确"目的"和"目标"。

"这份工作是为了什么？""为此应该做什么？"。

日常生活中如果以这样的思维开展工作，可以有效减少工作的驳回。

一开始或许会感到不自在,习惯之后目的和目标就会自然而然地浮现在脑海里。

同时,坚定自己的方向,自信心也会得以提升。

52 合理设置工作期限

有些人的计划总是超时完成。

根据工作内容来看，他们也有迫不得已的时候，不过还是可以从中发现大多数情况的共同之处。

即：想法堆积，乐观估计种种因素的时间。

结果就是，实际完成时间远远超出截止时间。

● **从目标倒推所有的步骤**

为防止计划拖延，有必要从想要实现的目标开始倒推，推导出实现目标的"行动步骤"。

下面，我将结合之前举的例子，介绍3个目标和实现目标的每一个步骤。

〈目标1〉

让更多的人哪怕多1个人体验到解谜的乐趣。

步骤

・制作轻松易懂的网页。

・定期在新闻公告、SNS、电子杂志上面发布信息。

・根据到客情况，负责人单独邀请顾客和朋友。

〈目标2〉

通过解谜构建与他人的合作关系。

步骤

・设计游戏，以1位玩家的知识储备和时间无法解开的谜。

・促使当天的营销团队达成目标。

・表扬冠军团队。

〈目标3〉

通过解谜带动区域发展。

步骤

・从游戏策划开始请店铺经营者参加。

・设计出会带动周边消费的游戏。

・请附近的人担任当天的营销人员。

像这样算出步骤，一开始就可以估计每一步的时间。

按照实际情况，再细分步骤，分析出更详细的任务和工作，能够极大提高精确度。

● **为推出的步骤和任务留出缓冲期**

然而还有可能发生偶然的事和预料外的麻烦。

所以我建议，为这些步骤和任务预设一定的"缓冲期"。

缓冲期意味着"时间富足"，在某种意义上也意味着即使发生意外，也能从容不迫地处理。

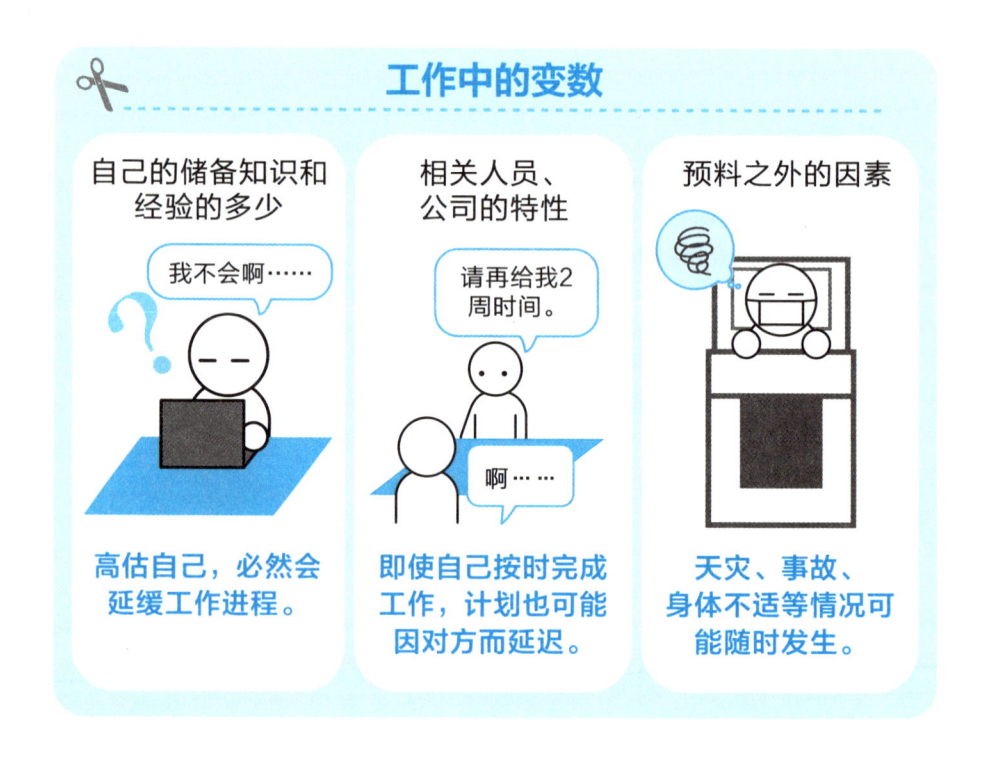

工作中的变数

自己的储备知识和经验的多少	相关人员、公司的特性	预料之外的因素
我不会啊……	请再给我2周时间。 啊……	
高估自己，必然会延缓工作进程。	即使自己按时完成工作，计划也可能因对方而延迟。	天灾、事故、身体不适等情况可能随时发生。

现实中正相反，总是延误时间的人好像大多都不给自己留下缓

冲期，而是紧紧凑凑地预估时间。

那么多久的缓冲时间比较合适呢？这取决于这份工作里会有多少变数出现。

无论如何，要想成为把计划付诸实践的人，需要落实行动步骤，而不仅仅是止步于设定目标。

同时，结合工作变数，提高设定缓冲期的能力很重要。

无效工作

53 减少意外状况

工作和计划并非都会按照预想顺利开展。

工期很长的项目在进行过程中一帆风顺反而是很少见的情况。

每次涉及新的工作，或遇到意外时，有不少人会想："我可真倒霉。"

但是，总有人是自己引起了这无用的麻烦。

刚才提到了，为意外发生时预设"缓冲期"很重要。

此外，还有一个重要点，那就是：尽量提前排除有可能阻碍目标实现的因素。

没有意识到这一点的人很容易会被卷入不必要的困扰中。

反过来说，预想可能会发生的意外情况，进而做好应对准备，能够大幅提高计划实现的可能性。

意外发生的原因和应对措施大致可以总结为以下3点：

① 弄错工作的前提条件

努力了很久却迟迟不见成果，有可能是过分拘泥于眼前的工作，却对工作前提判断错误。

我建议时不时地回想一下项目或工作的前提，以便及时发现错误。

② **未充分进行工作汇报和达成意见一致**

我曾多次见过这样的案例：在项目的最终阶段，相关人员和大老板投了否决票。

基本上，只要向负责人做好工作汇报和统一意见，就可以防止这种情况发生。

可一旦时间紧迫，人们往往会忽略这一过程。

不要忘记，与他人建立信任关系是工作顺利完成的基础。

③ **期间没有质检**

有时候在截止日期前发现工作质量有瑕疵。

眼看就到了交付时间，大部分情况下工作已经挽救无望。

如果每个阶段都能检查，确保质量过关，就能防止这类意外出现。

● **提前准备替代方案以备不时之需**

实际上开展工作时，除了上述事前准备外，提前考虑好意外发生时的可替代方案，也能使计划更安心、安稳地开展。

下面我想介绍3种最糟糕的状况以及其替代方案：

① 人员意外的替代方案

因工作人员生病或辞职等原因导致突然人手不足，尽管遗憾，却时而有之。

构建一对多（一份工作、多位人员）的工作体制就会更安全，一旦发生人员意外，也能马上填补上。**比如，事先安排替补，准备业务进展表等。**

② 时间不足的替代方案

由于乐观估计时间的缘故，不可避免地出现工期延误、质量不达标等情况。即使万分小心，也常因预料外的麻烦而变得时间不够。

所以，无论如何时间都不够的时候，还是提前决定放弃什么、改变什么，将意外的风险降到最低。

③ 金钱方面最糟糕的状况

与钱相关的麻烦不胜枚举，如"比预想得更早用光了资金""有额外支出"。

为了以防万一，**要提前考虑"或许这笔支出没必要呢？""即便没有钱也可以暂时扛下去的方法是？"等，可以有效降低因金钱而导致的"出局"的可能性。**

这里介绍的"最糟糕"的情况绝不是信口开河，而是基于亲身体验得出的。

到今天为止，我之所以多次克服最困难的状况，就是由于牢记这两点："尽可能减少会阻碍计划实行的因素""事先准备好代替方案"。

如果想要工作计划平稳进行，在制定计划外，还要求具备预测意外的观察能力和意外发生时的应对能力。

54 删减多余的工作

有人参与了各种各样的工作，然后哪一项都完成不了。这或许是有干劲的表现，但是没有执行力和实力的话，反而会适得其反。

● **决定要做的事和不做的事**

事先决定事情做与不做的标准，可以防止上述状况。

我会以3个衡量标准决定事情的先后顺序，即：紧急度、重要性、所需工作量。

① 重要，紧急，工作量大/小

→马上进行

② 重要，不紧急，工作量小

→稍后进行

③ 不重要，紧急，工作量小

→马上进行

④ 不重要，紧急，工作量大

→有时间的话进行

⑤ 不重要，不紧急，工作量大/小

→不做

有人会首先着手④和⑤，但实际上只关注①②③就足够了，大多数时候抛弃④⑤也没关系。

只要决定了不做的事情，留下来的就都是应该做的事，所以会很容易开始行动，不再犹豫。

● **警惕"画蛇添足"**

除了决定"不做的事"，也有必要注意"工作中的画蛇添足"。

努力工作当然是好事，但是，过于投入，付出与工作价值不对等的时间就是本末倒置。我觉得这就是日本国内普遍工作时间较长的原因。

而很多欧洲企业会注重产品的品质和设计，但是相对忽视资料制作和管理业务。一般来说，这些企业生产效率很高。

为了防止"多余的工作"出现，留意以下三点吧。

· **正确理解工作的目的和目标。**
· **评估工作的价值。**
· **设定投入的时间和精力。**

认识到这些后，便可以敢于"偷工减料"，抑制"画蛇添足"，最终节约时间。

55 敢于做决断

工作中，必须要做一些判断的时候，有人却不知不觉间想要增加选项。

或许是不安的心理在作祟，"这个也必须做，那个也必须做"，怎么也决定不了。

迟疑的判断不仅仅是自己个人的事情，也可能会拖延工作，影响整个团队。

为了开展工作，加快速度做出判断很重要。

● 不要一味增加选项

如果想要提高判断的速度，哪怕只提高一点点，就不要增加多余的可选项。

一般说来，选择越少，判断所需时间就越短。

日常生活中，我一直留意控制身边的可选项。比如，极力减少随身可带物品等。

工作中的判断也是同样，从3个选项中选择和从10个选项中选择，所需要考虑的前提条件的数量天差地别。

实际上，在遇到问题时，往往只有前3~5个选项真正值得纠结。即使从前3~5个选项中选择，结果应该也不会与在所有选项中选择相差很多。

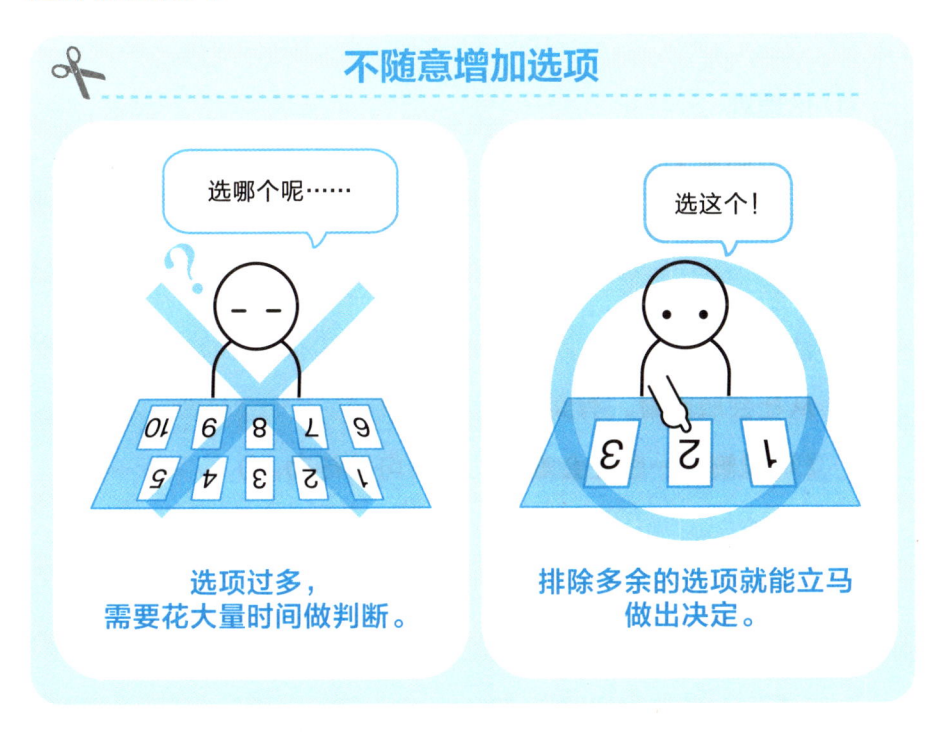

不随意增加选项

选哪个呢……

选项过多，需要花大量时间做判断。

选这个！

排除多余的选项就能立马做出决定。

反而可以说这是合理且有效的判断。

● **设定判断标准以便立即做判断**

锁定选项，再加上平时就设定好判断标准，可以缩短判断所需时间。

判断标准大致包括伦理观、社会价值、好奇心、效益、可操作性5个角度。

有了这5个角度就能涵盖大多数状况。由于每个人的观点和角度不同，有的内容也不是绝对的，所以判断结果也不尽相同，个人决定就好。下面是判断标准的角度以及解说。（　　）里是我的判断实例。

① 伦理观

是否偏离人道？

（不会伤害到别人的话，可以行动。）

② 社会价值

从社会层面看，有实施的价值吗？

（可以解决一些社会难题的话，可以行动。）

③ 好奇心

自己内心深处感兴趣吗？

（有趣、酷的事情可以考虑。）

④ 效益

有便利和利益吗？

（可以产出时间和金钱的话可以考虑。）

⑤ 可操作性

可行性怎么样？

（30%的可能性就冲。）

伦理观当然是必不可少，除此以外，我觉得这其中"好奇心"的轴心作用很强。

回想过去做出的判断，很多都是因项目的趣味性而决定的。

建立什么样的公司、投身什么样的事业，也是首先以是否拥有兴趣来判定，再以效益、社会价值、可行性的顺序决定的。

● 根据场合善用直觉

有时依据自己的直觉做出判断也是一个方法。很多人一听到"直觉"，就会感到"不可靠"，但事实并非如此。

直觉，也可以说是尚未显露的、潜在的发现。

有科学家推判，直觉是人类右脑的功能之一，右脑还具有识别、记忆图形和影像等功能，瞬时处理着远超左脑的信息量。

因此，如果能善用直觉的话，就可以大大加快工作节奏。

实际上，有很多场合适合用直觉判断，例如"识人""探知机会""察觉危险"。

这3种情况所得信息有限，都是对于做出正确判断的有限的信息。这样的场合通过直觉，可以预见更大的效果。

总而言之，减少选项，设定判断标准，偶尔信任直觉，就能迅速有效地进行判断，取得丰硕成果。

56 做好任务管理

在众多工作技巧中，我与人交谈最多的是"任务管理"的方法。

顺便说一下，这里所说的"任务"是指"应该做的工作的最小单位"。

我见过形形色色的人，却没见过能够完美做到"任务管理"的人，大家都多多少少有一些困扰。

● 用Gmail和谷歌ToDo list（任务清单）集中管理任务

我们会看到在实际工作中，有人借助多个工具来管理任务，比如纸质手账、excel一览表、任务管理软件等。

如此一来，所可能来不及更新，中途就放弃了。

所以我推荐用一个工具集中管理任务，因为这样绝对能减少遗漏。

我自己会用与Gmail联动的谷歌ToDo list来集中管理任务。

原本多数情况下，任务伴随着交流沟通的出现，我觉得这个工具的联动很有必要。

接下来我会就其使用方法进行说明。

这是我自己的管理方法。首先以"1.任务（己方）""2.任务

（他方）"命名建立清单。

"1.任务（己方）"代表自己承担行动责任的任务，"2.任务（他方）"意味着别人有承担责任的任务。

"2.任务（他方）"其中包括回复对方发来的疑问邮件。

而且，委托别人或是被委托时，无论自己的任务还是他人的任务也都使用Gmail吧。

就是说，任务的委托方向被委托人发送邮件后，双方需都把邮件加入待办清单管理。

如果是自己起草任务并管理任务的情况，就给自己发送任务邮件，并在抄送中添加自己和相关人员的邮件地址。

一般来说，任务邮件的主题应包括"理想交付日期""任务名称""负责人名字"等，例如"0320 请求批准报价 冈田"。

此外，如果给公司外部人员发送的话，不要写"盼复日期""负责人名字"，而是稍后登录自己的待办清单，用别的方式补充说明。

要把邮件里的任务添加到待办清单时，选定收件箱里的邮件，按"Shift"+"T"就能立即插入到上一步关闭的待办清单里。

如果要添加到其他的清单里，就步步移动完成吧。

而且ToDo list有排序功能，通过"Ctrl"+"Shift"+"上下"就能按时间排序。

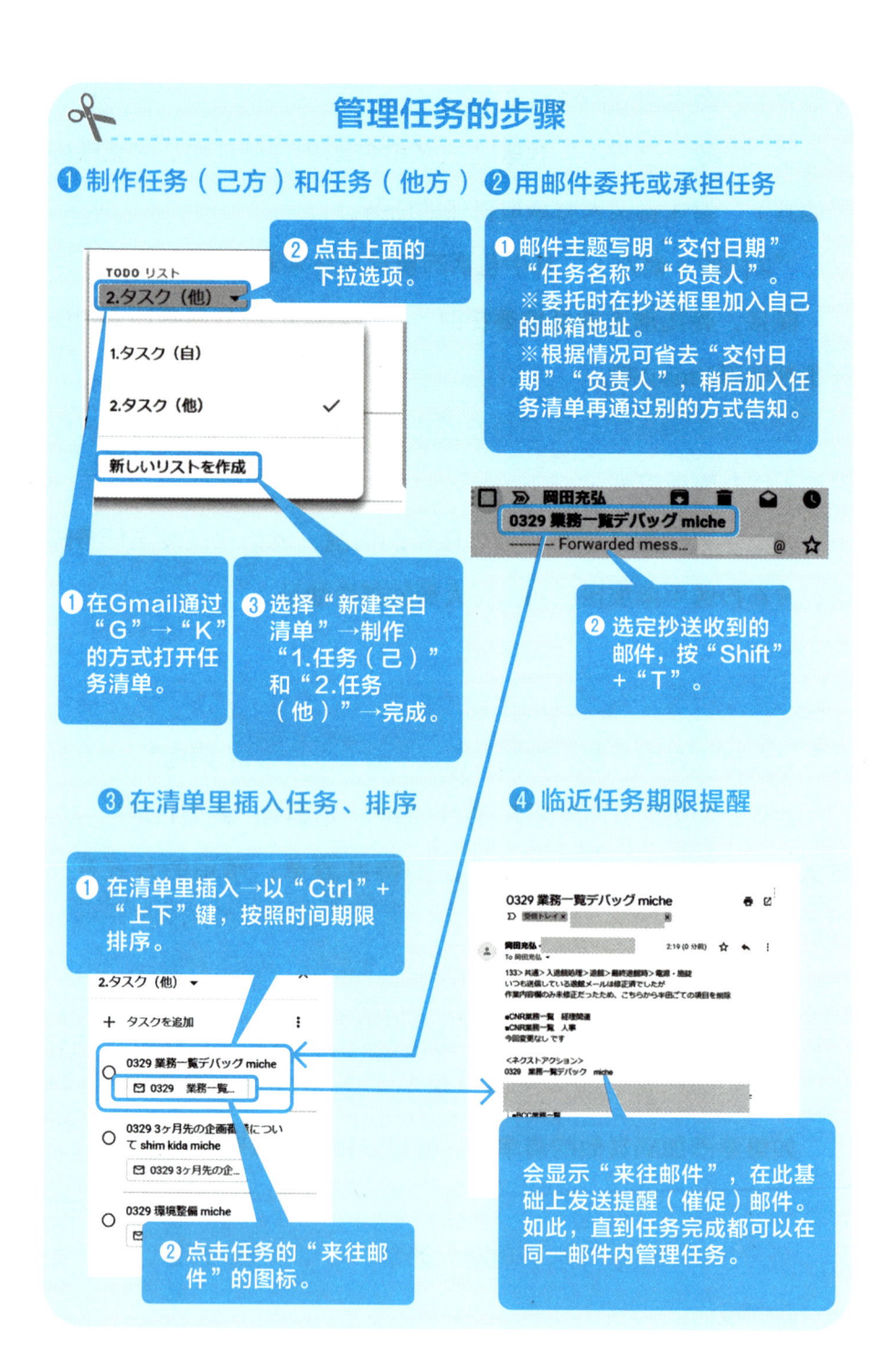

管理任务的步骤

❶ 制作任务（己方）和任务（他方）

❷ 点击上面的下拉选项。

❶ 在Gmail通过"G"→"K"的方式打开任务清单。

❸ 选择"新建空白清单"→制作"1.任务（己）"和"2.任务（他）"→完成。

❷ 用邮件委托或承担任务

❶ 邮件主题写明"交付日期""任务名称""负责人"。
※ 委托时在抄送框里加入自己的邮箱地址。
※ 根据情况可省去"交付日期""负责人"，稍后加入任务清单再通过别的方式告知。

❷ 选定抄送收到的邮件，按"Shift"+"T"。

❸ 在清单里插入任务、排序

❶ 在清单里插入→以"Ctrl"+"上下"键，按照时间期限排序。

❷ 点击任务的"来往邮件"的图标。

❹ 临近任务期限提醒

会显示"来往邮件"，在此基础上发送提醒（催促）邮件。如此，直到任务完成都可以在同一邮件内管理任务。

188

如果遇到过了截止时间还没有从对方那里得到回答的任务，点击清单里的邮件链接就会打开委托邮件，向被委托人发生催促邮件。

如果能熟练使用，从任务的制定到委托、管理、督促，都能通过这个工具管理和完结，所以理论上不会出现遗漏任务的情况。

也不需要局限于只使用谷歌工具，只要按规则正确利用的话，各种易上手的工具都能大大减少与时间管理相关的困扰。

第六章小结

1. 零散时间的无效利用

→事先决定零碎时间里做什么。推荐处理邮件。

2. 多驳回工作

→承担工作时必须明确"目的"和"目标"。

3. 预定计划总是超时

→倒推目标，同时预设"缓冲期"。

4. 意外频发

→提前排除会妨碍计划实现的因素，准备好应对糟糕状况的替代方案。

5. 参与多余的工作

→设定做与不做的标准，最优化利用时间与精力。

6. 纠结这个那个，迟迟不下判断

→限定选项，拥有判断标准，利用直觉。

7. 不擅长任务管理，总是漏掉

→用Gmail和Google ToDo list等软件统一管理任务。

第七章

免费提高公司电脑的运行速度

（电脑设置篇）

57 减少电脑运行负担

无效工作

"明明买的是最新配置的电脑,但和以前使用的电脑相比,却没觉得运行得更快。"

"公司的电脑运行得太慢,都没办法用来办公了!"

我想有这样烦恼的人不在少数吧。

如果电脑运行缓慢,无论完成工作所需时间多么短,效果都会大打折扣,工作进度延滞,甚至为此加班,真是一言难尽啊。

尽管如此,公司配备的电脑不会随随便便就更新换代。不过没关系。实际上,电脑一开始就被设定了很多针对"小白"的多余的视觉效果,这会加剧内存紧张,拖慢电脑运行速度。

反过来说,如果关掉这些视觉效果,就能空余更多内存,即便不安装加速软件,电脑也能流畅运转,快到飞起。

下面我将介绍2种方法减少多余的视觉效果,最大限度提高计算机性能。

● 重新设置性能选项

第1种方法是,进行Windows标准的性能选项设置,这一操作非常简单。

"开始"→在"搜索程序和文件"的检索框里，输入"系统"→选定"查看高级系统设置"→"系统属性"的下属栏"详细设定"→点击"性能"的"设置"→"性能选项"的"视觉效果"→勾选"调整为最佳性能"→勾选"自定义"，同时勾选以下2个选项，点击"确定"就完成了。

☐"显示缩略图，而不是显示图标"

※文件夹中会显示资料的缩略图

☐"平滑屏幕字体边缘"

※（消除字体的锯齿感）字体的可视性更好

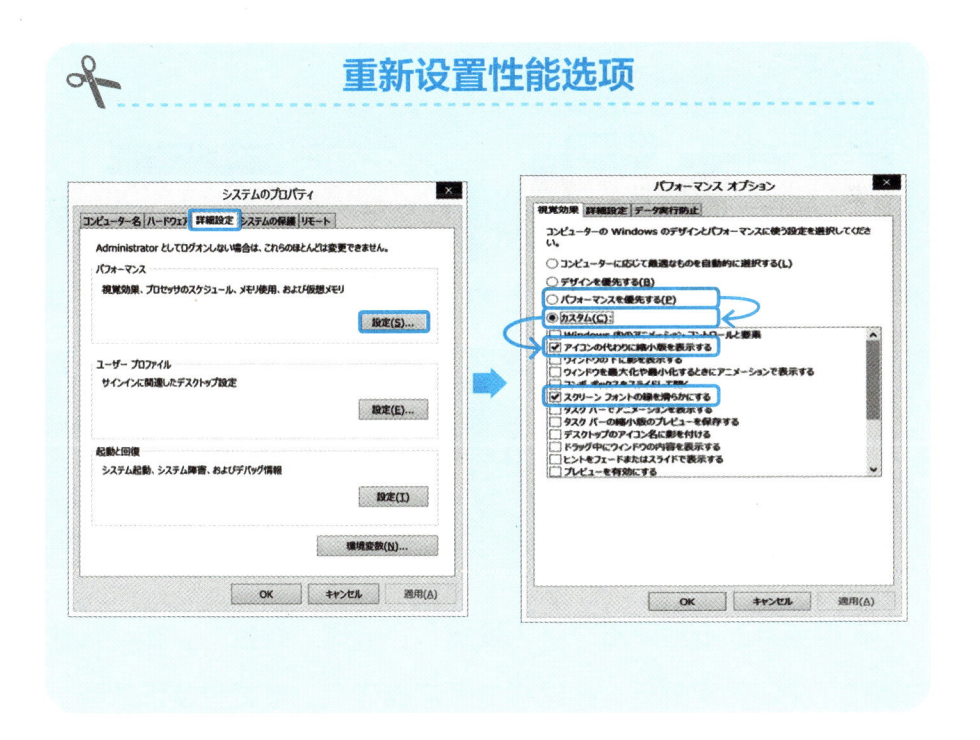

重新设置性能选项

● 简化开始菜单

第2种方法是，将开始菜单变更为旧Windows系统的简洁版风格。这一步需要安装免费工具"Open Shell"。

安装后，鼠标右键单击"开始"，选择"设置"。将会弹出Open Shell的窗口 "设置经典开始菜单"。

然后在"开始菜单风格"的下属选项中，选择Windows 7等旧风格，点击"确认"后，开始菜单就变成了旧式的简洁风。

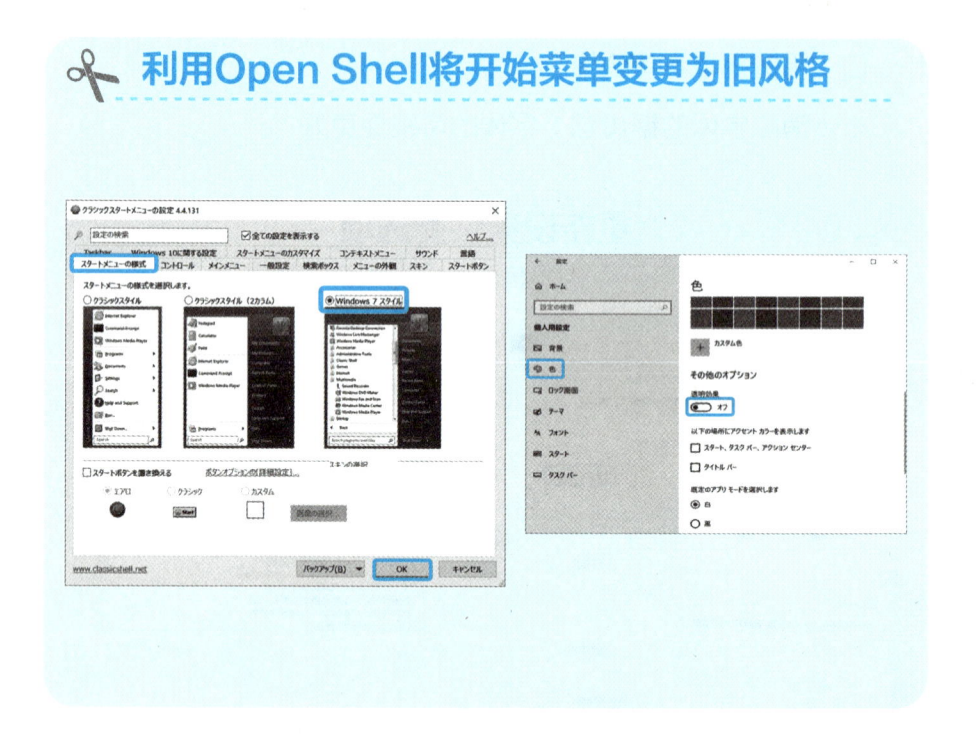

利用Open Shell将开始菜单变更为旧风格

在电脑桌面右键单击"个人设置"，选择"颜色"，在"其他选项栏"关闭透明效果，按这样的顺序操作后，会减少装饰效果，而且有利于提高电脑性能。

我自己也在使用这种方法，不仅能加速电脑运行，还会提高工作效率，因此非常推荐。

仅仅通过这2种方法，就能大幅加快电脑的运行速度。这些都是不需要花费金钱和时间的方法，请一定要试一试。

此外，偶尔会有人把鼠标指针样式设定成动漫人物或者是奇奇怪怪的设计。为了避免非必要的内存消耗，下面我再介绍一下其简化方法。

"开始"→"控制面板"→"鼠标"→"指针"，在"设计"栏选择"无"→"确认"

在我的公司里，为了实现机器性能的最优化，会尽最大可能精简电脑的所有界面效果。一分钱都不用花，且容易操作，一定要试一试。

58 减少非必要的启动项、常驻软件

公司更换了新电脑，莫名就很高兴。我也有这样的经历。

从箱子中取出的瞬间，插入电源的瞬间，一想到那刻的喜悦，或者说是即将开始的冒险，就无法保持冷静。

虽然好像是给那份心情泼凉水，但是刚刚买到的电脑里确实装载了很多不必要的程序和常驻软件。平时没怎么意识到，但是如同之前的初期设置，都会导致电脑的启动和运行速度变慢。

如果关闭不需要的启动和常驻软件，系统的启动时间将缩短，后台的负担也将减轻，应用程序和电脑的运行速度也将变快。

下面我将介绍5个方法用以关闭不要的软件。

① 取消不需要的开机自选项

通过"Ctrl"+"Shift"+"Esc"打开任务管理器，选择"启动"项，在"状态"列，在"已启用"的项目中选择不需要的软件→鼠标右键单击→"禁用"

这样做的话，Windows启动时，不需要的软件就会停止自动启动。

② **从启动文件夹中删除不需要的快捷方式**

"开始"→"所有程序"→"启动"→删除不需要的快捷方式。

如此一来，开机时，不需要的软件就不会启动，也不会显示在状态栏。

③ **重置系统配置的服务项**

"开始"→"搜索程序和文件"→输入"系统配置"→将显示"系统配置"界面→在"服务"界面停用不需要的项目（我停用了 Windows Search 和 Adobe · Apple 相关项目）→"确定"。

整理启动项

选择不需要的软件→鼠标右键单击→将"已启用"改为"已禁用"

删除不需要的快捷方式

如此便可以停止平时后台运转的不需要的软件（请慎重选择要停用的软件）。

④ **关闭开机、关机时的声音**

"开始"→"控制面板（'Windows'+'Pause'→'Back Space'）"→"声音"→"声音"选项→在"声音方案"中选择"无"→取消"播放Windows启动声音"选项 →"确定"

这样将关闭Windows开机、关机时的系统声音。

⑤ **终止任务栏里不需要的项目**

鼠标右键单击任务栏里不需要的项目→"关闭窗口"

这样就能结束状态栏里的项目，以免加剧内存消耗。

如果提前设置好这些，Windows启动或重启时就能感受到速度加快了。

提升PC速度的设置

❸ 重置系统配置的服务项

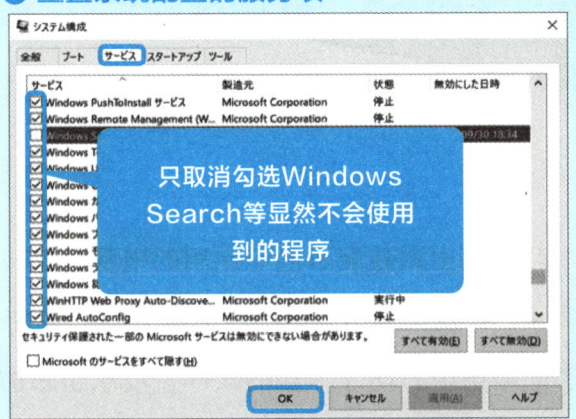

> 只取消勾选Windows Search等显然不会使用到的程序

❹ 关闭开机、关机时的系统音

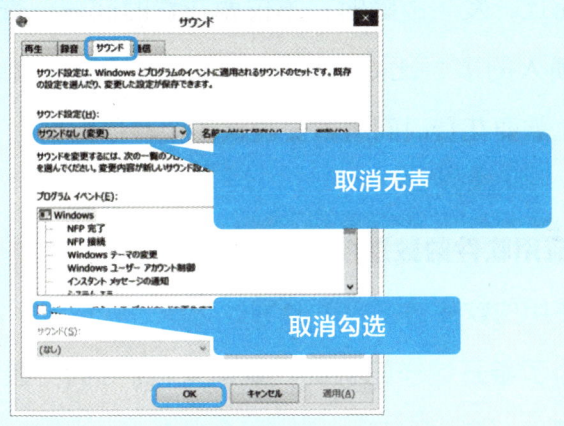

取消无声

取消勾选

❺ 终止任务栏里不需要的项目

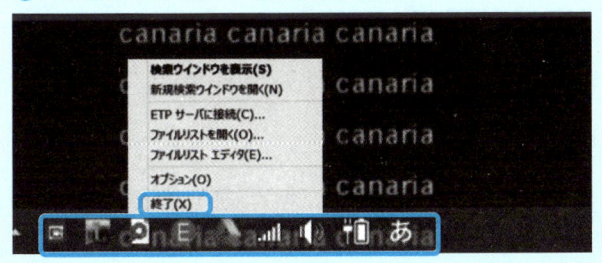

59 删除不使用的软件

无效工作

我请一些商务人士向我展示他们使用的电脑，结果发现有的人安装了大量软件，有些甚至连自己都不记得下载了哪些软件。

原本为了使用更加方便才下载的软件，没承想却加重了电脑的负担，拖慢了运转速度。

而且，发生故障时，不仅要花费时间一一查找原因，还会发生一些烦人的事，比如版本更新的提示屡屡出现。此外，更换电脑时，也需要花费时间重新安装软件和转移数据。

● 把应用软件的数量控制到最少

使用的软件过多，就会导致对单个软件的了解变浅。

为了避开这样的状况，我建议把PC的安装软件数量锁定至最少限度。

或许根据公司使用和个人使用状况会有不同，在允许范围内以"最近一年内的使用频率""有无替代软件""再次安装的难易度"来锁定吧。

如果对某个软件完全不了解，先在网上调查一番再慎重卸载吧。

● **掌握通用软件**

偶尔有人会使用我连听都没听过的小众软件。当然，我相信这是有理由而为之，但是我不太推荐。

之所以这么说，是因为这种做法存在缺陷。小众就意味着使用者相对很少。以此为由，软件开发商有可能会破产，而且在网上很难找到使用攻略。

说起来，如果只是站在"价格"和"便利性"的角度选择应用软件，之后软件的延续性和扩展性的缺陷可能会成为绊脚石。

选择软件时也要考虑"适用性"。

我平时使用的软件是通用软件——实际应用中的标准配备软件。

例如，操作系统的话就是Windows，办公软件的话就是Microsoft office。熟练使用这类通用软件，以长远眼光看能让你在工作中更具优势。

60 减少不必要的电脑软件更新

无效工作

正在工作时，有时电脑会催促你更新软件。

虽然大部分的更新是有意义的，但是也有一些反而会拖慢电脑运转，甚至引起故障。

尤其是刚刚面市的更新程序中可能有很多错误，不加思考就更新的话，会多次发生故障严重的甚至会使电脑系统崩溃。

● **理解更新的意义**

更新的目的大概可以分为三个：加强安全、修正错误、提高效能。

为了"增强安全"而进行更新，结果每次访问项目，安全软件都在后台运行，因此容易拖慢运转。

最近增强了服务商、网络、浏览器方面的安全保护，所以正常利用的情况下，不得不依靠软件的个别应对措施和专用杀毒软件的状况渐渐减少了，更新也并非都是有必要的。

关于"修正错误""提高性能"的更新，甚至包括软件缺乏实用性和必要性而进行的更新，多取决于开发商的工作。

实际上，我也遇到过好几次：上市的更新软件是不完善的；更新软件与电脑系统不适配；更新后一部分功能失效了。

之后，开发商发布了新的更新软件，总算解决了上面的问题，结果那个过程中为了调查和解决问题失去了大量时间。

如上所述，好好理解更新的意义，就能防止不必要的更新加重电脑运行负担的问题。

总之，认真调查后再更新，或者与公司的系统管理人员商量后再更新，都是较稳妥的办法。

顺便一说，为了解决故障、减轻运转负担，想要卸载、更新或者安装软件和程序的话，可以按以下的方法操作：

● **想要减少过剩软件的情况**

"开始"→"控制面板"→"程序和功能"→（选择不要的软件）→"卸载"

减少过剩软件

开始⇒控制面板→程序和功能
→（选择要卸载的软件）→卸载

● 想要减少更新程序的情况

"开始"→"控制面板"→"程序和功能"→查看已安装的更新→（选择卸载项目）→"卸载"

减少不必要的更新

开始⇒控制面板→程序和功能→查看已安装的更新
→（选择卸载项目）→卸载

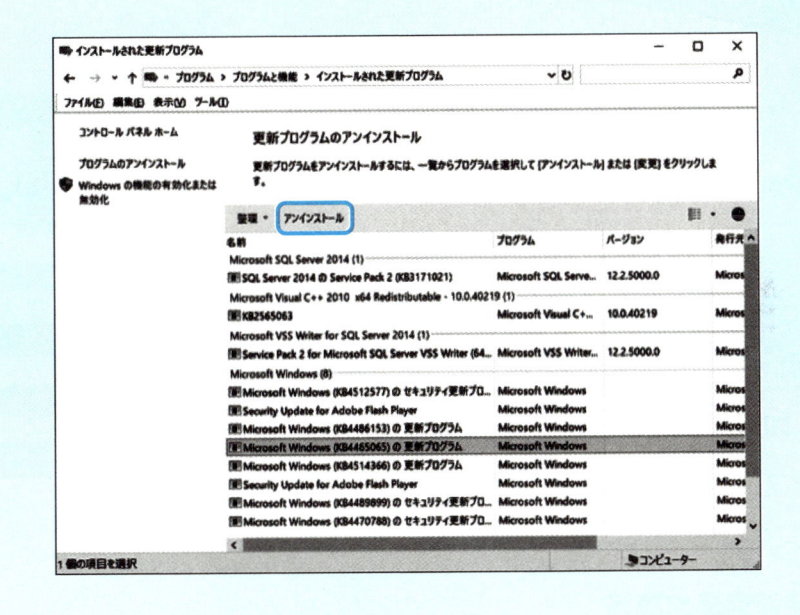

此外，一定要慎重选择卸载程序。

如果有想要卸载的软件或程序，在卸载前一定要认真调查后再做决定。

61 调整键盘、鼠标设置

偶尔会看到有人一边连打空格键和上下左右键，一边移动鼠标光标。这可不是聪明的办法。

在电脑的初期设置里，从键盘输入后到光标显示出来需要大量时间，所以想要快速输入的话，必然要连敲键盘。

如果更改了这项设置，在键盘输入后瞬间就能显示出文字，那么键盘操作将变得意外地顺畅。

① **使键盘操作顺畅**

"开始"→"控制面板"→"键盘"→"打开键盘属性"→将"重复延迟""重复速度"的滑块拖到右端→"确认"

② **消除鼠标操作的压力**

鼠标和键盘的情况相同。

我曾见到过这样的人，用鼠标工作时，因鼠标指针没有随着鼠标移动而急躁上火。

实际上，鼠标和键盘一样，出厂设置时都被调成了慢速。

这项设置也是在"控制面板"中进行变更的。

"开始"→"控制面板"→"鼠标"→选择"鼠标属性"界面的"指针选项"→在速度栏，通过"选择指针移动速度"进行调整

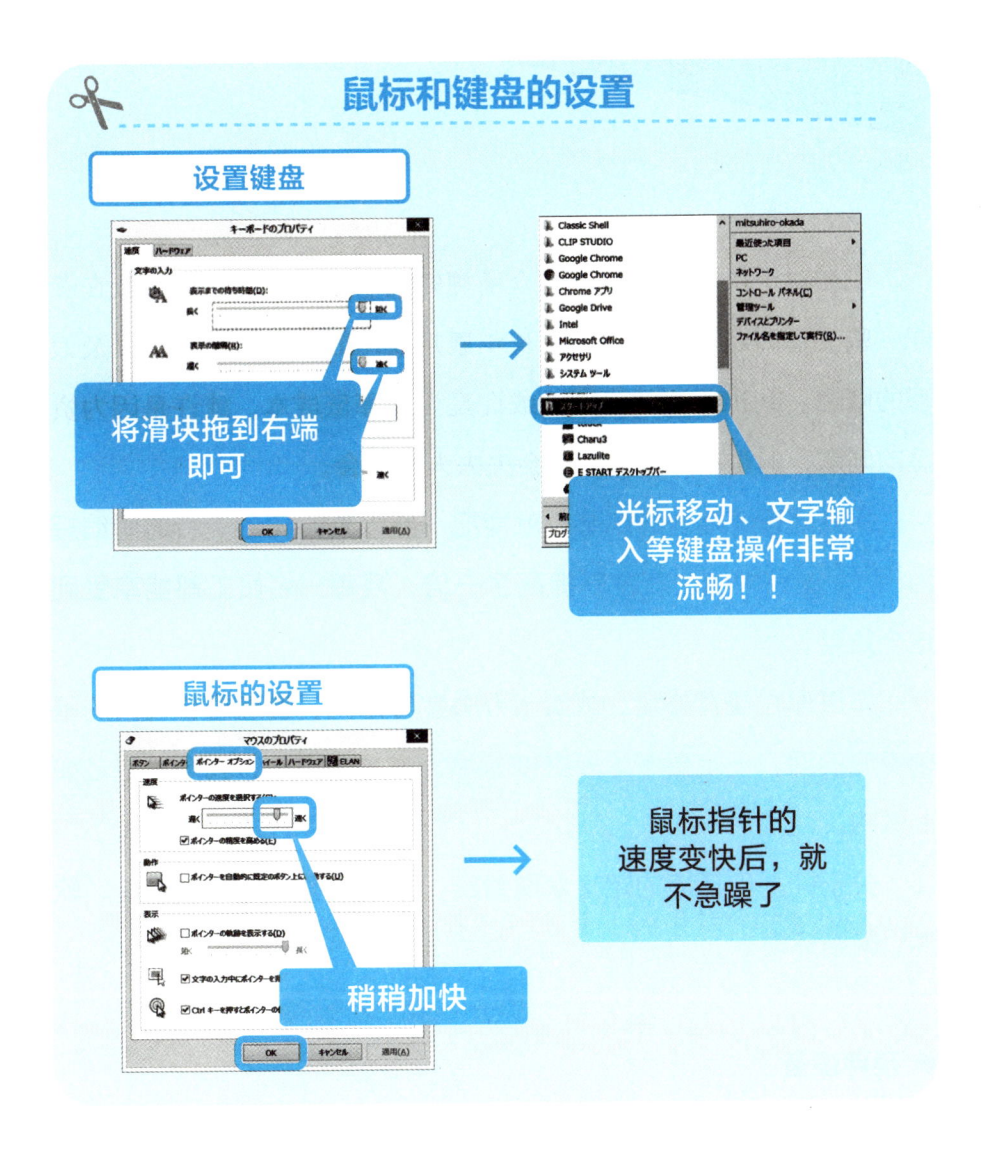

鼠标和键盘的设置

设置键盘

将滑块拖到右端即可

光标移动、文字输入等键盘操作非常流畅！！

鼠标的设置

稍稍加快

鼠标指针的速度变快后，就不急躁了

你有经历过因鼠标操作而变得急躁的情况吗？如果有，试试更改设置吧。

62 改善电脑软、硬件办公环境

无效工作

现在对于IT的重要性已是众所周知的事情。即便如此，我在参观一些公司时还是会发现，其长年累月使用旧电脑、软件，以及很慢的网速。我也不清楚原因，或许是为了降低成本，或许是因为资金的问题，但是毫无疑问，这会失去大量机会。

买入处理速度快的电脑，就能把一直以来的10秒等待时间缩短为5秒，这其中的生产性就提高了一倍，且每一名员工都能享受到这个效果。

如果你在经营公司，或属于办公室等部门，管理着公司内的基础设施的话，一定要考虑投资IT领域。在这一点上，我个人也是如此做的。

关于IT基础环境的定义众说纷纭，这里主要是指硬件设备、软件、网络环境。

● **硬件设备**

"硬件"主要是电脑和智能手机。尽管我们都期待尽可能高配置的产品，但是在手机方面，因为手机的商品周期很短，市面上有很多足够使用的机型，无论是差不多一年前的过时机型还是二手机，都是可以用的。

另一方面，电脑的CPU和内存在很大程度上影响着处理速度，所以在购入时不要困惑其价格差距，选择高配置的那款吧。

● **软件**

尽管根据工种和职业的不同，使用的软件大有不同，但总体来说，在选择时还是要以更广阔的视角进行选择。比如处理速度和操作性、与其他软件的联动性、使用人数等，而不是仅仅以上面说的价格和功能来选。

顺便说一句，我公司使用的软件如下：

・OS：Windows10 Pro

・办公软件：Microsoft Office

・财务软件：弥生会计

・创意软件：Adobe CC

・PDF：Adobe Acrobat

・浏览器：Chrome

・电子邮箱：Gmail

・通信软件：Skype 或者 Messenger

尽可能使用业界的默认标准产品或者普适产品。

● **网络环境**

网络的速度会大大影响工作效率。

最近，除了高速的光纤之外，便宜的无线路由器也在高性能化，所以正是果断投资的时候。

顺便说一句，我以前外出时会使用随身携带的移动路由器，而现在我经常搭配使用付费公共无线网和手机热点。

这么来看，为了得到高速的IT环境，总归是需要成本的。但是，工作效率的切实提高能够增加我们的空余时间。

可以这样理解，把这个时间换算成人工成本，很快就能赚回本钱。

会有人因为配备的IT基础环境慢而后悔，但不会有人因IT环境快而后悔。

在考虑公司和个人预算的基础上，我强烈推荐在有限的条件里慢慢配备完善高速IT环境设施。

第七章小结

1. 不必要的界面效果加重电脑负担

→重新设置Windows，简化开始菜单。

2. 非必要的启动项、常驻软件拖慢电脑运转

→取消多余的开机自动项、系统声音等。

3. 搭载了很多不使用的软件

→把应用软件数量控制到最少，使用常用软件。

4. 更新后处理负担加重

→理解更新的意义，不随意更新。

5. 键盘、鼠标等预料外"误工"

→缩短键盘的等待时间，提高鼠标的指针速度。

6. 电脑的处理速度和无线网络很慢

→投资硬件设备、基础软件、网络。

后　记

感谢您能读到最后。

本书的主题是：像消灭害虫那样，找出隐藏在办公室里的无效工作，并愉快地解决问题。

我本以为自己已经非常了解"无效工作"了，但实际写下来，令我十分惊讶的是：原来世界上还有这么多的无效工作。

在我迄今为止的著作中，我多以高效和减少无效工作为主题。也因此会给第一次阅读的读者一种印象：这个人是一丝不苟、干脆利落。但事实正好相反。我害怕麻烦，也不甚精明。

可以说我是超级笨拙的人，曾经也做过很多低效工作。

后来通过灵活使用IT，积累一些小技巧，逐渐改善了一些而已。

从我以往的经历可以得知：能否发现并改善无效工作，取决于是否掌握了正确的技巧，而非才能和性格。

反过来说，就像锻炼肌肉一样，只要能积累一些技巧，每个人都可以取得成效。这正是消除无效工作的乐趣所在。

消除了无效工作，就能因此产生更多的时间和金钱。

如何使用这些多出来的时间和金钱因人而异，但我还是希望大家用来"建立自我"和"构建信任"。

与减少无效工作相反，在"建立自我"与"构建信任"中，即便绕些远路也没关系。有时候，绕远路反而是抄近道。

事实上，在"建立自我"的途中，或许会经历连续的失败。正是通过这些失败，我们才能渐渐靠近理想的自己。

"构建信任"的秘诀在于"试着去""试着看""一起做"，除此之外别无他法。

其中，可能会遭遇"进展不顺"，但这些经验的积累日后定会成为你人生中不菲的财富。

因此，"建立自我"和"构建信任"时，请不要过于拘泥于效率。

我认为在这个世界上，只有"建立自我""构建信任"才具有投资价值。

理由在于，世界上发生的事、此时存在的事，都是基于这二者成立的。

让我们一起剔除没有价值的无效工作，不断投资有用高效的工作吧。

重复这个过程，你的身边自然而然会形成一个良性循环。

本书严选具有可操作性的解决方案展开介绍，旨在发现并减少隐藏在办公室里的无效工作。

这些解决方案可以介绍给他人，可以自己马上实施。对每个人来说都有一定的可行性和效果。

我想把这些技巧分享给更多的人，希望能够帮到大家。

最后非常感谢Kanki出版社的重村先生给我这次执笔的机会。

感谢奔波在一线，致力于消除无效工作的"Black Cats Cube"（黑猫魔方）的员工们，感谢在公私两方面都能愉快相处的各位。

或许凭我的一己之力无法改变世界，但是希望读到本书的读者能快乐阅读。

祝大家每日进步。

笔　者